中小银行之共同富裕实践

陈向红 编著

浙江工商大学 出版社
ZHEJIANG GONGSHANG UNIVERSITY PRESS
·杭州·

图书在版编目(CIP)数据

中小银行之共同富裕实践 / 陈向红编著. —— 杭州 ：
浙江工商大学出版社，2024.8. —— ISBN 978-7-5178
-6097-6

I. F832.33

中国国家版本馆CIP数据核字第2024NQ4918号

中小银行之共同富裕实践
ZHONG XIAO YINHANG ZHI GONGTONG FUYU SHIJIAN
陈向红 编著

责任编辑	谭娟娟
责任校对	胡辰怡
封面设计	胡　晨
责任印制	祝希茜
出版发行	浙江工商大学出版社
	（杭州市教工路198号　邮政编码310012）
	（E-mail：zjgsupress@163.com）
	（网址：http://www.zjgsupress.com）
	电话：0571-88904980，88831806（传真）
排　　版	杭州彩地电脑图文有限公司
印　　刷	杭州高腾印务有限公司
开　　本	710mm×1000mm　1/16
印　　张	16
字　　数	166千
版 印 次	2024年8月第1版　2024年8月第1次印刷
书　　号	ISBN 978-7-5178-6097-6
定　　价	59.00元

一本教你做好农村普惠金融服务工作的操作手册

普惠金融是 2023 年 10 月底召开的中央金融工作会议确定的五大金融课题之一，农村金融正是普惠金融的重要内容。

然而，地方中小银行如何做好农村金融这篇大文章，在服务农村的同时实现商业银行的可持续发展，并不是一件容易的事情。本书总结了近年来不少地方中小银行金融机构业务下沉服务农村的宝贵经验和鲜活案例，对银行从战略制定到政策落地及运营都具有指导意义。可以说，这是一本指导地方商业银行服务农村金融的操作手册或培训教程。

对于广大非农信系统的地方中小银行特别是城市商业银行而言，服务农村既是服务乡村振兴和促进共同富裕的需要，也是自身战略的需要。近年来，中国银行业的竞争日趋白热化，大型银行对小微金融及农村金融的重视使没有资金及成本优势的城市商业银行的市场份额受到了严重的挤压。因此，城市商业银行机构下沉、服务乡村成为战略选择。然而，该战略的落地却面临着很多操作上的难题：一是面临与传统农村金融机构的竞争；二是许多农村地区的工作人员分散且呈现空心化，机构下沉成本并不低。

在这种情况下，除了在城镇化水平特别高的地区设立支行之外，更现实的选择就是建立农村普惠金融服务点。那么农村普惠金融服务点如何设立，其与银行的关系如何，如何选择合适的站长，如何帮助站长开展营销活动，如何拓展功能，从而让农村普惠金融服务点有足够的商业吸引力呢？这里涉及的许多技术性和操作性问题，本书会一一解答。

总体说来，本书有如下特点：

第一，战略性。本书认为，服务乡村振兴和促进共同富裕应是中小银行的战略方向，总行应当在资源、考核等方面加以倾斜，并形成总行—分行—支行统一行动、分行和支行层层推进的战略格局。在农村普惠金融服务点建设过程中要先试点再铺开，争取获得相关政府部门的支持；根据成本收益风险原则，找到合适的农村普惠金融服务点运行模式；根据以往的经验，把金融服务与农村社会治理结合起来，实现赋能增值。

第二，操作性。与专家们在理论层面所撰写的学术专著不同，本书介绍了许多现实案例，插入了大量的实景图片、操作时的任务清单、注意事项及需要的相关指标或表格，便于许多进行类似农村普惠金融服务点尝试的银行或相关从业者参考，甚至可以直接在工作中借鉴。做好农村普惠金融服务点的营销对于该服务模式的成功而言非常关键，而如何做好营销是一个操作性很强的问题。本书用了 2 章的篇幅非常详细地讨论了相关营销实践的问题。在对营销载体的介绍中，本书除了介绍乡村振兴卡之外，还特别介绍了如何利用商圈建设、直播带货、线上商城、医疗服务共同体建设等方式来实现农村普惠金融服务点的营销目标。随后，本书根据农村普惠金融服务点发展的 3 个阶段，介绍了营销活动的不同方式及如何开展这些营销活动，这些内容都具有很强的操作性。

第三，前沿性。在银行进行数字化转型的今天，农村普惠金融服务点作为支行物理网点的延伸，要充分发挥其功能，必须加强数字化和智能化建设，以低成本、高效率的方式实现农村数字普惠金融政策落地。本书用了 3 章的篇幅来讨论系统建设和"数字化整村授信"问题，足以体现对农村数字普惠金融的重视。

当然，本书重点介绍的农村普惠金融服务点的模式和做法尚在探索之中，本书总结的某些银行的成功经验或做法也许并不完全适用于其他银行，但这些经验或做法所蕴含的理念及背后的管理逻辑确实值得同业借鉴，也值得金融管理部门及金融学界深入思考。

本书的作者是来自城市商业银行的、在农村金融服务领域进行艰辛探索的银行业从业者，他们用质朴的语言和真诚的态度分享自己的思考，这种精神正如他们一心一意服务农村普惠金融的行动一样让我们感动。强烈的使命感及对农业、农村、农民的热情是做好农村普惠金融服务的关键，这是书中没有明说但从字里行间可以真切感受到的，可能也是其他从业者最难复制的内容。真诚地祝愿更多有使命感的地方中小银行的从业者能写好数字化普惠金融这篇大文章，为建设金融强国、服务乡村振兴及促进共同富裕做出更多贡献。

是为序。

欧明刚

外交学院国际金融系主任兼国际金融研究中心主任

中国金融学会理事、中国国际经济关系学会理事

　　2017 年 10 月，党的十九大提出了乡村振兴战略；2020
年 10 月，党的十九届五中全会提出了共同富裕取得更为明显的
实质性进展的目标。这些战略、目标的提出，给中小银行今后
的发展带来了机遇和挑战。一方面，从 2018 年开始，监管部
门对普惠小微贷款的考核从"三个不低于"改为"两增两控"，
明确了普惠小微贷款的口径，即授信额度不能超过 1000 万元。
随后，大银行不断下沉金融服务，城市的普惠小微贷款竞争进
入白热化，中小银行的抵押贷款不断流失，普惠小微贷款增长
乏力。另一方面，近年来，数字化转型成为各行各业关注的焦
点问题。中小银行如何进行数字化转型，也成了探讨的重点。
作为一名实践者，我们在不断受到理论冲击并进行学习的过程
中，必须思考如何走出一条符合本单位自身特色的道路。

　　实际上，随着大银行不断下沉服务，带有互联网基因的金融
机构不断抢夺长尾客户，中小银行早已将机构下沉、服务下沉
作为重要的应对策略，并正在探索一条商业可持续发展的道路。
在技术上，中小银行也在稳步推进这一策略。从对 FICO 信用

评分（由美国个人消费信用评估公司开发的一种个人信用评级法，现已被广泛运用于银行的评分体系）的运用，到智能风控平台的建立，以及数据中台、风控大脑的逐步形成，这些技术初步盘活了数据资产，实现了实时进行数据决策的目标。

在 2019 年一次同业考察学习之旅中，我们发现农村普惠金融服务点模式可以帮助中小银行快速切入农村市场，成为中小银行助力乡村振兴、促进共同富裕的"立足点"。通过农村普惠金融服务点，中小银行可以快速建立进入农村金融市场的"桥头堡"，利用"村民服务村民"的优势融入农村，让农户接受中小银行的金融服务，也让农户足不出村就可以享受金融基础服务。

在农村普惠金融服务点的建设过程中，我们发现，仅提供现金取款、汇款、转账和代缴费等业务，显然不能满足农户的金融需求，还必须满足农户在生产经营和消费过程中的信贷需求。为此，我们对传统整村授信模式进行创新，提出"数字化整村授信"模式，这也是中小银行助力乡村振兴、促进共同富裕的"发力点"。从浙江稠州商业银行的实践来看，经过 3 年左右的探索，该行累计服务 15.43 万家小微企业、个体工商户和农户，累计放款 416.75 亿元，贷款余额超 130 亿元，取得了较好的成效。

随着工作的不断深入，如何更有效地利用农村普惠金融服务点实现第三次分配，成了中小银行需要破解的难题。此时，城乡一体化就成了促进共同富裕的"助力点"。通过网上商城、直播带货、城市反哺农村等措施，浙江稠州商业银行充分利用站点遍布村居的优势，打通商业向善向农村地区延伸的"最后一公里"。

对实践者来说，如何总结和提炼这几年的工作成效，既是工作的需要，也能对中小银行促进共同富裕有所启发和裨益。中小银行利用区域优势，主动往县域、乡镇和农村发展业务，走"农村包围城镇"的道路，积极发展农村金融业务，这既是对国家乡村振兴战略号召的响应，也是应对大银行逐步下沉、确保自身可持续发展的需要。

本书共 11 章，具体内容如下：

第一章到第三章，主要介绍了农村普惠金融服务点的相关政策，对比分析了服务点"银行＋站长"和"银行＋公司＋站长"2 种模式的优劣，并在战略规划、核心竞争力、运营模式等方面做了介绍，为读者深入了解服务点奠定了良好的基础。

第四章和第五章，重点描述了总行及分支机构如何推动农村普惠金融服务点工作，并从统一思想、完善架构、试点先行、打造示范、全面推广及站点赋能等方面进行了详细的介绍，这些都是编著者在展业过程中具体开展的工作及在同业学习和交流过程中了解到的经验，具有较强的实战性。

第六章到第八章，主要介绍了如何在农村区域开展营销及系统建设，并从营销载体入手，阐述如何通过发行乡村振兴卡、积极开展收单业务、建立商圈、建设线上商城和直播带货等方式，线上线下一体化推动业务增长。同时，针对服务点的不同发展阶段，介绍了不同的发展策略。此外，还介绍了如何利用医共体政策，促进服务点工作局面快速打开；针对服务点点多面广的特征，分析如何利用风控系统进行高效管理及有效防范风险，并将数字化经营理念具体运用到服务点工作中。通过介绍，读者可以看出，如果没有一个强大的系统，很难保证服务点健康发展。

第九章和第十章，介绍了"数字化整村授信"项目，主要描述了在农村数据不全的情况下，如何稳健发展信贷业务。本书以农村普惠金融服务点为"桥头堡"，利用"背靠背"评议模式，解决信息不对称问题，并充分整合行业内原有的大数据，利用风控模型进行智能决策；通过"软信息＋硬数据"模式，较好地解决了农村地区展业成本高、风险控制难的问题。同时，也介绍了如何通过构建"双控机制"，取得农村地区担保工作的新突破。还提出要更新风控理念、风控模式，掌握风控全流程，才能正确地理解和运用"数字化整村授信"项目。

第十一章提出了金融推动城乡一体化、助力共同富裕的3个关键：一是通过乡村振兴做大"蛋糕"；二是通过城市反哺农村分配"蛋糕"；三是通过商业向善调节"蛋糕"。本章还分析了在利用服务点普惠金融服务功能的基础上，如何助力解决农村地区普遍存在的空巢老人和留守儿童问题，即本着商业向善的思维，通过商业化运作加以解决。

本书由陈向红编著，方茁、王蕾、郭光炉和胡志成等参与了部分章节的撰写工作，谢力、胡锦灿、陈俊军、林宝丽、茹琨琨、王剑、吴惠等参与了讨论并提供了大量素材。特别感谢河北宜农公司董事长王聚冰、常务副总裁刘向国在本书写作过程中提供的大量帮助。

在本书的编写过程中，我们参阅了浙江稠州商业银行和大量同业的公开宣传资料，在此向撰写这些资料的作者表示衷心感谢！

由于编者水平有限，再加上编写时间仓促，书中难免存在不足之处，恳请广大读者批评指正！

编著者

CONTENTS **目 录**

第七章　农村普惠金融服务点营销活动管理

第八章　农村普惠金融服务点系统建设

第九章　推进共同富裕的金融发力点——"数字化整村授信"

第十章　"数字化整村授信"风控体系建设

第十一章　共同富裕战略的金融助力点——城乡一体化

第一章

推进共同富裕的金融立足点——农村普惠金融服务点

本章核心内容：从乡村振兴到共同富裕，中央指明了"三农"发展的方向。银行业金融机构要贯彻落实中央会议精神及监管部门的政策要求，找到合适的立足点——农村普惠金融服务点，加大对"三农"的支持力度。

2017年10月18日，习近平总书记在党的十九大报告中指出，要实施乡村振兴战略，农业、农村和农民问题是关系国计民生的根本性问题，必须始终把解决好"三农"问题作为全党工作重中之重。2018年2月4日，中央一号文件《中共中央　国务院关于实施乡村振兴战略的意见》正式发布。

2020年10月，党的十九届五中全会提出了到2035年"全体人民共同富裕取得更为明显的实质性进展"的阶段性目标。2021年8月，中央财经委员会第十次会议基本确定了共同富裕的内涵特征和实现路径。

推动实现共同富裕，短板弱项在农业农村，优化空间和发展潜力也在农业农村。因此，利用金融手段加强对农民、农业和农村的支持，已经成为银行业金融机构积极落实国家战略的重要工作。

第一节　乡村振兴和共同富裕战略

一、乡村振兴战略

在乡村振兴战略有关精神的指导下，2019年2月，中国人民银行、银保监会、证监会、财政部、农业农村部5部门联合发布了《关于金融服务乡村振兴的指导意见》（下称《指导意见》）。《指导意见》强调，要坚持以市场化运作为导向，以机构改革为动力，以政策扶持为引导，以防控风险为底线，聚焦重点领域，深化改革创新，建立完善金融服务乡村振兴的市场体系、组织体系、产品体系，促进农村金融资源回流。《指导意见》对标实施乡村振兴战略的阶段性目标，明确了相应阶段内金融服务乡村振兴的目标。短期内，突出目标的科学性和可行性，到 2020 年，要确保金融精准扶贫力度不断加大、金融支农资源不断增加、农村金融服务持续改善、涉农金融机构公司治理和支农能力明显提升；中长期内，突出目标的规划性和方向性，推动建立多层次、广覆盖、可持续、适度竞争、有序创新、风险可控的现代农村金融体系，最终实现城乡金融资源配置的合理有序和城乡金融服务的均等化。

《指导意见》指出，农村金融改革发展要坚持正确方向，健全适合乡村振兴发展的金融服务组织体系，积极引导涉农金融机构回归本源；明确重点支持领域，切实加大金融资源向乡村振兴重点领域和薄弱环节的倾斜力度，增加农村金融供给；围绕农业农村抵质押物、金融机构内部信贷管理机制、新技术应用推广、"三农"绿色金融等，强化金融产品和服务方式创新，更好满足乡村振兴的多样化融资需求；充分发挥股权、债券、期货、保险等金融市场功能，建立健全多渠道资金供给体系，拓宽乡村振兴融资来源；加强金融基础设施建设，营造良好的农村金融生态环境，增强农村地区金融资源承载力和农村居民金融服务获得感。

2021 年 2 月，中央一号文件《中共中央 国务院关于全面推进乡村振兴加快农业农村现代化的意见》发布。同年 2 月 25 日，全国脱贫攻坚总结表彰大会召开，习近平总书记发表重要讲话，要求做好巩固拓展脱贫攻坚成果同乡村振兴有效衔接各项工作，全面实施乡村振兴战略。同一天，国家乡村振兴局挂牌成立。

2021年4月，银保监会发布了《中国银保监会办公厅关于2021年银行业保险业高质量服务乡村振兴的通知》(下称《通知》)。《通知》鼓励银行业金融机构建立服务乡村振兴的内设机构，完善专业化工作机制；要求保持农村基础金融服务基本全覆盖，优化县域和社区金融服务，满足县域客户综合化金融需求，提升特殊群体获取金融服务的便利性；结合不同地区农业农村的发展特点，因地制宜探索金融服务乡村振兴的有效途径，打造具有不同特点的金融服务乡村振兴样板。《通知》鼓励推动农村数字金融创新，鼓励银行业金融机构在依法合规、风险可控的前提下，基于大数据和特定场景进行批量获客、精准画像、自动化审批，切实提高对农村地区长尾客户的服务效率；推进农村信用信息平台建设，推动地方政府建立并完善域内涉农信用信息数据平台，整合财税、农业农村、市场监管、林业、气象、社保等部门的涉农信用信息和风险信息；要求创新服务新型农业经营主体和农户，大力发展农业供应链金融。

2021年6月，为全面贯彻落实党中央、国务院关于实施乡村振兴战略的决策部署，引导更多金融资源配置到农村经济社会发展的重点领域和薄弱环节，进一步加强和改进农村金融服务，中国人民银行、银保监会联合制定了《金融机构服务乡村振兴考核评估办法》(下称《评估办法》)。

《评估办法》指出，金融机构服务乡村振兴的考核评估指标分为定量和定性两类，其中定量指标权重为75%，定性指标权重为25%。金融机构服务乡村振兴考核评估定量指标包括贷款总量、贷款结构、贷款比重、金融服务和资产质量五类，定性指标包括政策实施、制度建设、金融创新、金融环境、外部评价五类，另设加分项、扣分项。同时，《评估办法》指出，对列入勉励档的金融机构，中国人民银行、银保监会视情节轻重依法采取约见金融机构主要负责人谈话等措施，督促其限期整改。

《评估办法》体现了金融机构服务乡村振兴的新实践、新要求。一是突出了金融机构对乡村振兴重点领域和薄弱环节的支持。明确了评估对象、评估指标和方法、评估程序、评估结果和运用等具体内容，强调了对新型农业经营主体、农户等的支持。二是进一步强化了考核评估工作的激励约束作用。金融监管部门将评估结果作为衡量货币政策工具运用、市场准入管理、金融监管评级、机构审批设立、业务范围调整等宏观调控和金融监管职能发挥情况的重要参考，督促与引导金融机构加大对乡村振兴的支持力度。

2022年11月，中共中央办公厅、国务院办公厅印发了《乡村振兴责任制实施办法》（下称《实施办法》），主要目的是以责任落实推动政策落实、工作落实，确保全面推进乡村振兴各项重点任务落到实处。《实施办法》要求各地紧密结合本地区实际，抓好乡村振兴责任制落实工作，分区分类明确职责重点；压实地方各级党委和政府对本地区乡村振兴工作的主体责任，强化部门和行业的责任，努力形成促进乡村振兴的政策合力、工作合力；坚决反对形式主义、官僚主义，推动乡村振兴各项工作落到为农民办实事、解难题上；健全党委统一领导、政府负责、党委农村工作部门统筹协调的农村工作领导体制，层层落实省市县乡村五级书记抓乡村振兴的责任要求，确保党始终总揽全局、协调各方，为乡村振兴提供坚实的政治保障。

二、共同富裕战略

党的十八大以来，党中央已把逐步实现全体人民共同富裕摆在更加重要的位置上，明确共同富裕是中国特色社会主义的根本原则和本质要求。

2021年5月，《中共中央 国务院关于支持浙江高质量发展建设共同富裕示范区的意见》（下称《意见》）发布。《意见》聚焦共同富裕示范区建设亟须突破和创新的重要方向和关键领域，明确了浙江示范区建设的四个战略定位和六大方面的重大举措，提出到2025年浙江推动高质量发展建设共同富裕示范区要取得明显实质性进展，到2035年浙江高质量发展要取得更大成就，基本实现共同富裕。也就是说，浙江要通过率先实现基本公共服务均等化，率先实现城乡一体化发展，持续改善城乡居民居住条件，织密扎牢社会保障网，完善先富带后富的帮扶机制，缩小城乡区域发展差距，实现公共服务优质共享。浙江要切实承担主体责任，增强敢闯敢试、改革破难的担当精神，不断开辟干在实处、走在前列、勇立潮头的新境界。

为全面贯彻落实党中央、国务院关于支持浙江高质量发展建设共同富裕示范区的决策部署，深入推进省委、省政府关于浙江高质量发展建设共同富裕示范区的实施方案，2021年，中国人民银行杭州中心支行、浙江银保监局等 7 部门联合下发了《关于金融支持科技创新 助力共同富裕示范区建设的实施意见》，浙江银保监局联合地方金融监管局发布了《浙江银行业保险业支持高质量发展建设共同富裕示范区行动方案（2021—2025 年）》《浙江银行业保险业支持 26 县跨越式高质量发展行动方案（2021—2025）年》等文件。自此，银行业金融机构在服务乡村振兴、促进共同富裕方面，有了更强的使命感和更多的担当。

第二节　农村普惠金融服务点是中小银行促进共同富裕的立足点

2021 年，我国取得了脱贫攻坚战的全面胜利，党中央、国务院高瞻远瞩地提出了新的历史阶段的任务——实现共同富裕，浙江作为共同富裕示范区，要打造共同富裕改革高地。实现共同富裕，短板弱项在农业农村，优化空间和发展潜力也在农业农村，因此全面推进乡村振兴是必经之路和关键环节。

金融是现代经济的核心和实体经济的血脉，因此实现乡村振兴、共同富裕的目标离不开金融的支持。商业银行作为我国金融行业的重要组成部分，资产规模占整个金融行业的 70% 左右，理应主动积极地开拓农村市场，加强农村金融创新。这是商业银行在当前政策引导下寻求发展机遇、提升竞争优势的努力方向。而中小银行作为商业银行的一分子，在体量上远不如国有大银行，在对农村的渗透上不如当地农村商业银行，那么中小银行该如何在激烈竞争中找到一条可持续发展的道路，为共同富裕注入发展新动力？

笔者所在的城市商业银行，在过去几年的实践中，积极响应国家助力乡村振兴、推进共同富裕的号召，主动往县域、乡镇和农村发展业务，通过建设农村普惠金融服务点，下沉金融服务，走出了一条具有特色的发展道路，并使农村普惠金融服务点成为中小银行推进共同富裕的立足点。一方面，农村普惠金融服务点成为中小银行惠及农村、打通金融服务"最后一公里"、助推乡村振兴和共同富裕的重要载体；另一方面，基于农村普惠金融服务点，逐步形成了兼顾社会责任和商业可持续发展、助力共同富裕的新模式。

目前除了农村金融机构积极发展农村普惠金融服务点以外，很多城市商业银行也加入农村普惠金融服务点的建设中，服务点的发展呈现出积极态势。随着互联网、信息技术的快速发展，农村地区的网络普及率不断提高，为农村普惠金融的发展提供了有利条件。

一方面，农村普惠金融服务点的覆盖范围不断扩大，更多农民群体开始享受到普惠金融服务。例如，一些金融机构在农村地区设立了服务点，为当地农民提供便捷的支付、信贷、保险等服务。

另一方面，农村普惠金融服务点的服务质量不断提升。金融机构通过优化服务流程、提升服务质量等方式，使得农村普惠金融服务更加便捷、高效、安全。例如，一些金融机构利用移动支付等技术手段，为农村用户提供在线支付、转账、查询等服务，极大地提高了服务效率。

此外，农村普惠金融服务点的发展还得到了政府的大力支持。例如，政府出台了一系列政策措施，鼓励金融机构加大对农村普惠金融服务的支持力度，推动农村普惠金融服务点的可持续发展。

总的来说，农村普惠金融服务点的发展呈现出积极态势，但仍需要进一步加强政策支持、技术创新等方面的工作，以推动其更好地服务农村地区和农民群体。

第三节　农村普惠金融服务点政策

鉴古而知今，彰往而察来。一直以来，党中央、国务院高度重视"三农"工作，从1982年1月中央发布改革开放后的第一个涉农一号文件开始，2004年至2024年中央一号文件连续21年聚焦"三农"事宜。在"三农"工作部署下，中国人民银行和国家金融监督管理总局（原银保监会）高度重视农村金融服务环境建设工作，制定并实施了一系列支农惠农政策，积极鼓励各类金融机构下沉农村。通过对政策的梳理，可以了解各个时期监管部门的农村金融政策的演变情况，从而更深刻地体会政策精神，进一步做好农村金融工作。

一、农村普惠金融服务点政策演变

从2004年到2014年，出于农村地区支付结算的需要，中国人民银行陆续出台了相应政策。《中国人民银行关于推广银行卡助农取款服务的通知》和《中国人民银行关于全面推进深化农村支付服务环境建设的指导意见》的出台，为农村普惠金融服务点的建设奠定了良好的基础。

（一）政策探索期

2004年，中国人民银行出台了《中国人民银行关于农村信用合作社接入支付系统的指导意见》（银发〔2004〕250号），积极支持和指导农村信用社根据业务处理需要，按照投资成本与收益相匹配的原则，选择采取集中或者远程多点方式接入中国人民银行支付系统。2005年，中国人民银行组织开展了农民工银行卡特色服务试点，并于2006年向全国逐步推广，大大便利了外出务工农民的异地存取款。

2006年，中国人民银行发布《中国人民银行关于做好农村地区支付结算工作的指导意见》（银发〔2006〕272号），要求加快推进农村地区支付服务基础设施建设，扩展和延伸支付清算网络在农村地区的辐射范围，大力推广非现金支付工具，提高支付服务效率。

2009年，中国人民银行进一步加大农村支付服务环境建设工作力度，在广泛且深入调研的基础上，制定了《中国人民银行关于改善农村地区支付服务环境的指导意见》（银发〔2009〕224号），从账户管理、工具使用、支付系统、服务组织、风险防范、宣传培训、组织领导等方面提出了系统、全面、明确的政策措施和要求。中国人民银行的一些分支机构同涉农金融机构，开展了银行卡助农取款服务试点。银行卡收单机构通过在乡（镇）、村的指定合作商户服务点布放受理终端，可向借记卡持卡人提供小额取款和余额查询服务。2010年，中国人民银行总行在调研和总结这一做法经验的基础上，扩大试点范围，得到了试点地区各级政府、广大农民和其他社会各界的一致认可。

（二）政策适应期

2011 年，中国人民银行印发了《中国人民银行关于推广银行卡助农取款服务的通知》（银发〔2011〕177 号），明确在 2013 年底前实现银行卡助农取款服务在全国乡（镇）、村的基本覆盖，满足偏远农村地区农民的各项支农补贴资金提取、日常小额资金提取及余额查询等基本金融需求。

中国人民银行要求各金融机构对银行卡持卡人采取较低的收费标准，如：余额查询业务不得收费；对于本行取款业务，同城范围内不得收费，异地则不超过本行异地汇兑手续费；对于跨行取款业务，不超过银行卡特色服务取款手续费；严禁服务点向银行卡持卡人收取任何额外费用。

为确保银行卡助农取款服务稳妥开展，中国人民银行明确了多项风险防范措施。一是助农取款服务的开通区域仅限乡（镇）、村，开通卡种仅为借记卡，严禁开通信用卡的该服务，且每卡、每日最高取款限额为 1000 元；二是助农取款服务仅通过普通 POS 机和有硬件加密功能的电话支付终端提供，以避免卡片侧录等风险事件的发生；三是建立针对收单机构和取款服务点的准入、监督和退出机制，确保从事该业务的收单机构和服务点信誉良好、运作规范、遵纪守法；四是为防范假钞风险，要求收单机构加强假币识别宣传，要求取款服务点逐笔登记取款信息，对于有争议的现钞要当场更换；五是各地先选择在乡镇试行该服务后再稳妥推行，且单个行政村的服务点不得超过 3 家。

（三）政策完善期

银发〔2011〕177 号文件发布后，助农取款服务快速发展，已基本实现对全国农村地区行政村的全覆盖。但是，助农取款服务也面临着交易量偏小、交易限额偏低、业务种类单一、激励机制不健全和投入产出不平衡等问题，可持续发展面临挑战。

为此，2014 年中国人民银行又印发了《中国人民银行关于全面推进深化农村支付服务环境建设的指导意见》（银发〔2014〕235 号），从丰富功能、调整限额、完善管理、收费定价等方面进行了工作部署。

一是丰富服务点业务功能。该意见提出，银行卡收单机构可根据实际需求，在服务点新增现金汇款、转账汇款、代理缴费业务。这些业务的开办有助于增强服务点对农民的吸引力，增加服务点的支付业务量，提高机具设备的使用率，提高农村客户对收单机构的黏性。

二是适当调整限额管理要求。服务点办理助农取款或现金汇款业务，原则上单卡、单日累计办理金额均不得超过 2000 元；各银行业金融机构凭借风险防范能力对转账汇款业务进行限额管理，并向当地中国人民银行副省级城市中心支行以上分支机构报备。服务点应建立现金汇款业务台账，逐笔登记现金汇款日期、汇款人身份、金额等信息，经汇款人或其代理人签字（指纹）后确认，并定期核对。

三是完善收单机构管理。收单机构拟申请参与助农取款服务及新增支付业务试点的，参照《中国人民银行关于推广银行卡助农取款服务的通知》（银发〔2011〕177号）办理。收单机构的具体管理要求由中国人民银行副省级城市中心支行以上分支机构确定。支付机构作为收单机构参与服务点业务的，应将委托划转资金直接转入委托人指定的银行账户，不得通过支付账户划转。

四是提升服务点的服务与管理水平。收单机构应积极稳妥地提供服务点业务开办时所需资金，切实加强服务点有关现金管理的安防措施和能力，在与服务点签订的协议中明确现金管理防范措施等内容，争取将服务点纳入当地公安机关监控网络，有效防范抢劫、盗窃、诈骗等事件发生。收单机构依据业务功能指导服务点统一悬挂标识牌（如惠农支付服务点）。

五是合理制定收费标准和利益分配机制。收单机构应在服务点经营场所的显著位置公示业务收费标准，且不得对余额查询及每卡、每月首笔取款业务收费。收单机构应采取有效措施，适度补偿服务点运营成本，确保其业务办理的积极性。中国人民银行副省级城市中心支行以上分支机构应会同有关各方，按照促进可持续发展、适度优惠农民的原则，确定辖内服务点支付业务收费机制，并及时将相关收费标准及分润模式报告中国人民银行总行。

二、农村普惠金融服务点技术规范

为进一步提升农村地区普惠金融服务水平，2017年8月以来，中国人民银行在福建等地试点开展了银行卡助农取款服务点标准化升级改造工作。

在总结试点经验的基础上，中国人民银行于2018年10月

正式发布《农村普惠金融服务点支付服务点技术规范》（JR/T
0157—2018），对农村普惠金融服务点类型之一的农村普惠金
融支付服务点的技术要素进行了规范，以加强对农村普惠金融
服务的技术引导。

该规范还规定了农村普惠金融支付服务点的标识、环境、软
硬件要求、安全要求、终端用户界面、交易凭证、报文格式等事项，
给出了标识牌、业务公告、业务流程图等的样式，提供了终端
用户界面、交易凭证、报文格式等的规范指南。以下是几个重
要事项的说明情况。

业务公告：应在服务点醒目位置张贴或摆放业务公告，并统
一业务公告的内容、格式、制作规格和材质，在业务公告中应
公布收费标准。

业务流程图：应在服务点张贴或摆放业务流程图，简要说明
服务点已开办业务的基本流程。

安全设施：宜根据需要配备必要的安防器材，也可根据涉农
金融机构分类分级（或星级）的管理要求配备相应的安防器材。

软硬件要求：软硬件具体包括支付服务终端、点钞机、保险
柜、监控设施、报警装置等。

安全要求：安全具体涉及制度规范、风险提示、防卫、支付
服务终端、二级密钥体系、IC 卡的支付服务终端、支付服务终
端网络、系统性风险防范。

第二章
农村普惠金融服务点模式探析

本章核心内容：作为中小银行助力共同富裕立足点的农村普惠金融服务点，其运营模式主要有两种，一种是传统的"银行＋站长"业务代理模式，另一种是"银行＋公司＋站长"三方共建模式。各金融机构可以根据实际情况选择不同的发展模式。

农村普惠金融服务点的技术规范和业务操作规范有一套统一标准，《中国人民银行关于推广银行卡助农取款服务的通知》（银发〔2011〕177号）、《中国人民银行关于全面推进深化农村支付服务环境建设的指导意见》（银发〔2014〕235号）和《中国人民银行关于发布〈农村普惠金融服务点支付服务点技术规范〉行业标准的通知》（银发〔2018〕237号）等文件做了明确要求。这些文件对商业银行在农村依托商业体、村民委员会或者有条件的自然人布放POS机具或者服务终端，普及银行借记卡，并利用普惠金融服务点站长个人账户以卡卡转账的模式完成小额现金汇款和取款服务及转账汇款、余额查询、代理缴费等基础金融服务做出了规定，旨在打通金融服务的"最后一公里"，改善农村支付环境。这些也是商业银行开展农村普惠金融服务点业务的政策依据和规范标准。

农村普惠金融服务点业务的操作具有一套标准化流程。发卡环节发出的借记卡是统一标准的银联卡，开卡环节由银行专业人员负责，转账环节在银行内部核心系统渠道完成，费用列支环节则按照规范的税务要求进行。

农村普惠金融服务点唯一无标准化要求的对象是站长，站长与站长之间的性别、年龄、文化、家庭背景、从业经历差异非常大，因此商业银行开展农村普惠金融服务点业务时需要解决的重点问题就是把非标准化的站长标准化（即商业银行如何选择进村模式的问题），把站长变成能人、红人。

目前国内商业银行开展农村普惠金融服务点业务主要有两种模式。一种是传统的"银行＋站长"业务代理模式，即服务点依托村级商业体、卫生室或者村民委员会，布放 POS 机具或推广 APP，主要提供取款服务。该服务点一般为中国人民银行界定的二类或三类普惠金融服务点。采用这种模式的主要代表银行有农村信用社（农村商业银行）、农业银行和建设银行。另一种是"银行＋公司＋站长"三方共建模式，即服务点依托村级电子商务平台，布放 POS 机具，发放服务银联标识卡，提供符合中国人民银行标准的全功能服务。该服务点也就是中国人民银行界定的一类普惠金融服务点。采用这种模式的主要代表银行有中国银行、平安银行、中原银行、桂林银行、长沙银行、长安银行、青岛银行、浙江稠州商业银行、贵州银行、贵阳银行等大多数银行业金融机构。

第一节　两种模式介绍

银行建立农村普惠金融服务点模式的具体情况如下。

一、"银行＋站长"业务代理模式

"银行＋站长"业务代理模式是指商业银行通过直接在农村小超市、供销社、农资店、通信公司等场所布放 POS 机具的方式建立农村普惠金融服务点，并根据 POS 机具显示的交易笔数给站长发放补贴。

【案例】

"银行＋站长"业务代理模式状况

农村信用社（农村商业银行）、建设银行主要采取"银行＋站长"业务代理模式开展农村普惠金融服务点业务。其中农村信用社（农村商业银行）的乡镇机构健全，对农村具有一定的覆盖能力，大多依托小超市建点；建设银行"裕农通"普惠金融服务点则主要由站长使用"建行裕农通"APP为村民办理助农业务。二者均根据银行交易笔数给站长支付补贴费用，但存在站长频繁刷交易笔数的问题，同时由于银行缺乏足够的、专业化的运营管理团队，导致普惠金融服务点的运营效率低下，服务能力不足，且存在一定的风险隐患。（见图2-1和图2-2）

图 2-1　农村信用社（农村商业银行）普惠金融服务点

图 2-2　建设银行"裕农通"普惠金融服务宣传牌

二、"银行＋公司＋站长"三方共建模式

"银行＋公司＋站长"三方共建模式，即银行按照《国务院办公厅关于促进农村电子商务加快发展的指导意见》（国办发〔2015〕78 号）、《商务部等 19 部门关于加快发展农村电子商务的意见》（商建发〔2015〕306 号）要求，依托村级电子商务服务平台建设农村普惠金融服务点。

在三方共建模式中，银行负责提供资质、通道和产品；科技公司负责提供机具、制作内外牌匾、进行日常管理和培训、组织营销活动，同时承担风险损失；站长提供 10—20 平方米的独立场所并按照标准简单装修，提供办公桌椅，接通网线，承担普惠金融服务点运营过程中产生的办公费用，自备业务周转金和履约保证金，按照银行和公司的规定开展营销和提供服务。

【案例】

"银行＋公司＋站长"三方共建模式状况

2019 年 12 月起，浙江稠州商业银行采用"银行＋公司＋站长"三方共建模式开展农村普惠金融服务。通过引入科技公司，依靠其专业化、成熟化的管理经验、培训体系和风控措施，解决了站长标准化问题，并通过为站长赋能，不断提高站长的业务能力和服务水平，有效降低了农村普惠金融服务点的风险，实现了农村普惠金融服务点标准化、高质量发展。截至 2023 年 6 月末，浙江稠州商业银行共建立农村普惠金融服务点 8447 家（见图 2-3），发卡 38 万张，已服务500 多万农村人口。

图 2-3　浙江稠州商业银行农村普惠金融服务点

第二节　两种模式分析

一、"银行＋站长"业务代理模式劣势分析

"银行＋站长"业务代理模式操作比较简单，主要依托商户收单协议约束银行和站长的关系，但也存在一定的风险隐患。

一是潜在的劳动用工风险。由于银行和站长之间的合作关系不明确，易产生劳务上的纠纷，这一直是农信系统和监管部门维稳工作的重点。

二是客观存在的财务税务风险。银行对站长的收入发放在账务处理上缺乏合规依据，存在个税代扣代缴义务未履行的问题。

三是缺少声誉风险缓冲机制。农村普惠金融服务点产生的任何风险问题都可能直接影响银行声誉，而银行仅靠自身团队，无法实现对大规模农村普惠金融服务点的日常风险管理，即存在风险隐患。

四是缺乏完善的培训机制。从银行自身的资源来看，专门为农村市场建立一套培训机制成本太高。由于缺乏专业的培训经验和培训资源，站长业务操作不规范、成长慢。

五是没有解决农村普惠金融服务点的可持续发展问题。银行单方投资建点，固定成本投入大；缺乏对站长的成长赋能，导致其个人成长慢，收入较低，逐渐失去发展动力；同时，由于

缺乏场景建设支撑，单一的银行业务较难保持高速增长。

二、"银行＋公司＋站长"三方共建模式优势分析

相较于"银行＋站长"业务代理模式，使用"银行＋公司＋站长"三方共建模式的前期，三方的合作洽谈会占用较长时间，操作起来也相对复杂，但此模式可以有效解除银行对风险的顾虑，保障金融系统安全，维护社会稳定。其主要优势表现在以下几点。

（一）厘清银行与站长之间的合作关系

三方共建模式通过"三方两两协议"的方式明确业务合作关系，其中银行不直接与站长发生经济往来，只根据业务量向公司支付服务费，由公司向银行开具正规服务费发票，从而避免银行与站长之间可能产生的劳务和税务纠纷。

（二）依托公司建立完善的风险防控体系

银行依托与公司的合作经验、广泛的地域覆盖和成熟的风险防控机制，可以快速建立起科学有效的风险防控体系。通过从"事前严把准入关"到"事中线上线下双重管理"（线上声音管理、影像管理、数据管理，线下巡查、开月度例会、开设金融夜校）再到"事后站点退出机制"的一整套方案，以及风险事件应急预案，有效防范农村普惠金融服务点潜在的操作风险、安全风险、道德风险和声誉风险，解除后顾之忧。

（三）依托公司建立标准化培训管理体系

公司通过自身的组织和资源优势设立面向助农体系的专门培训机构，通过外聘、内选的方式组建专业化培训团队。从农村普惠金融服务点的签约、试营业，到农村普惠金融服务点的开业及开业后的日常管理，再到突破发展瓶颈、持续保持提升等的整个成长阶段公司均设置了标准化的培训课程，同时利用线上平台与线下团队相结合的方式，对站长采取包括全预算管理、行事历管理和活动量管理的多种管理方式，并结合岗前培训、金融夜校、驻点帮扶、月度例会、季度集训等培训形式，向站长团队、银行团队和自身团队输出标准化、系统化的培训内容，有效解决了银行培训资源不足、培训内容不够、培训效果不好的问题。（见图2-4）

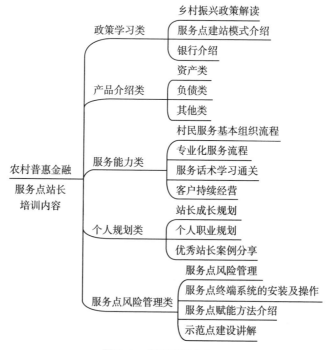

图2-4 公司培训内容

（四）解决商业可持续发展问题

在三方共建模式中，银行无须派人员驻守农村普惠金融服务点，也没有设备、房租等运营投入，建立农村普惠金融服务点属于典型的轻资产业务。同时银行依托公司丰富了农村普惠金融服务点的生活化场景和社会化服务，进一步完善了农村普惠金融服务点的非金融业务功能，更全面地满足了农村居民多样化的生活需求，实现了"金融＋非金融"的双轮驱动、融合提升，推动了商业可持续发展。

第三章

农村普惠金融服务点的核心内容

本章核心内容：按照"农村包围城镇"的战略规划，发挥"村民服务村民"的核心竞争力，以"轻资产重管理"的运营模式，细化 6 项经营内容。通过"发动全员营销"，加快农村普惠金融服务点建设，推动中小银行小微零售业务转型升级，实现中小银行可持续发展的战略目标，也为中小银行促进共同富裕提供澎湃的发展动力。

随着大银行不断下沉服务，中小银行要在激烈的竞争环境中探索出一条商业可持续发展道路，就面临诸多的困难和挑战。相对来说，农村金融市场竞争相对缓和，而且随着国家推进乡村振兴、促进共同富裕，农村经济将稳步发展，农民富裕程度将越来越高，使中小银行尤其是城市商业银行将市场拓展的重点由城市向农村转移成为可能。再加上农村普惠金融服务点模式的不断深入发展，为在农村市场拓展金融业务奠定了基础。

第一节 战略规划——"农村包围城镇"

虽然农村市场比较庞大，但是农村居民收入与城市居民收入的差距还是比较明显的。农村区域地广人稀，金融密度不高，所以刚开始切入农村市场的时候银行会面临较多问题，尤其是在起步阶段，业务发展比较缓慢，这时如果没有适宜的战略规划，没有足够的信心，很容易打"退堂鼓"。因此，中小银行高级管理层必须制定明确的战略规划，同时要有下沉机构、下沉服务的信心和决心。

一、面临压力越来越大

（一）发展压力

1. 负债端

一是存款结构急需调整，需要大力发展储蓄存款业务，降低对公存款的高成本压力；二是储蓄理财化趋势越来越明显，这进一步提高了中小银行负债业务的成本；三是在城市区域，服务同质化、竞争白热化使依靠成本拉动负债业务成为各银行主要的竞争策略，负债业务的可持续发展受到制约。

2. 资产端

一是中小银行资产业务利率较高，但由于负债端成本较大，若贷款利率下降，则利润空间缩小，发展不能持续；二是客户流失严重，尤其是房产抵押优质客户，因为大银行和全国性股份制银行不断下沉客户，它们凭借较低的贷款利率，吸引了中小银行的优质客户。

（二）监管环境压力

一方面，监管部门要求各银行加大对小微客户的支持力度，必须完成"两增两控"目标；另一方面，监管部门对部分"创新类"负债产品的审查越来越严格，甚至将其与监管评级挂钩，给银行造成一定压力。

二、农村市场潜力无限

(一)农村市场竞争相对缓和

1.市场竞争主体较少

相较于竞争激烈的城镇市场,农村市场处于信用社(农村商业银行)一家独大的局面,农村居民办理业务一般只能通过信用社(农村商业银行),导致排队现象严重,服务压力大,各方都希望有更多的银行能深入农村,下沉服务,激发农村金融服务的活力。

2.中小银行布局优势

一般情况下,中小银行普遍在县域及县级以上城市设置了网点机构,有的中小银行已经在部分重要乡镇设立了小微专营支行,这些网点布局为中小银行进一步下沉农村奠定了良好的基础。

(二)农村金融土壤愈加肥沃

1.储蓄率高

农村居民一旦赚到钱,如在外经商、务工等赚到钱,除了用于建房、婚嫁等大事之外,基本都会存到银行。而且,农村居民更重视收益稳健,比较排斥风险,因此储蓄率高。

2.收入提升

随着国家乡村振兴战略的实施,乡村社会经济发展步伐越来越快,有的区域面临拆迁,有的区域发展农家乐、民宿、农村体验旅游等第三产业,因此,村民的征地款、农业补偿款、拆迁资金及各项非农业收入非常可观，即农民越来越富裕。

三、县域网点深耕策略

目前中小银行的网点在县域已基本实现全覆盖，但是由于没有扎根农村，县域单一网点往往"长不大"，以浙江中小银行为例，一般的县域支行储蓄存款余额达到 10 亿元以后就很难再有突破。因此，如何在农村区域加大农村普惠金融服务点的布设力度，将金融服务延伸到农村，把基础客户做强做大，实现县域网点的可持续发展，成为中小银行必须解决的难题。

【案例】

小地方也有大梦想　小支行也有大作为

磐安县地处浙江中部，素有"群山之祖、诸水之源"之称，是浙江最重要的水源保护区。全县辖 7 镇 5 乡 2 街道，共有 216 个行政村、20 个居委会，人口达 17.72 万。截至 2020 年 12 月末，全县金融机构存款余额为 249 亿元、贷款余额为 243 亿元。浙江稠州商业银行磐安支行的存款余额一直维持在 9 亿元左右，很难得到进一步突破。支行面临存贷款增长乏力、客户经理业绩差、员工士气低迷的状况。

农村普惠金融服务点的布设开辟了支行的新局面。2020 年 5 月，支行第一家农村普惠金融服务点开业，1 年后服务点数量达到 52 家，其中已挂牌开业的有 34 家，千万级服务点有 8 家，服务点平均沉淀资金 471 万元，服务范围涵盖了磐安县全域。

通过近 2 年的培训和宣传，站长们的金融知识得以充实，社会责任感得以强化，地缘、人缘优势得以扩大，同时打通了支行将血液向农村基层输送的通道。在各农村普惠金融服务点，仅乡村振兴贷一个产品，就做出了白名单录入 6 万余人、签约 4900 户、授信额 8.77 亿元、提用余额 2.6 亿元的成绩。

磐安支行通过近 3 年的服务点建设，本位币存款增幅和本位币贷款增幅都在当地名列前茅，仅储蓄存款余额就从当初的 6 亿元增加到 14 亿元，排名全县前 3。

第二节　核心竞争力——"村民服务村民"

具备"村民服务村民"的核心竞争力，是农村普惠金融服务点获得成功的关键因素。

一、堡垒从内部攻破

"农村金融做得好，进村狗不叫"，一语道破了农村金融业务要深入农村，工作人员必须经过持续、多次的走访和活动，才能有所突破。由于农村普惠金融服务点的站长是本村人，村民对其信任度高，比较容易开展业务。

二、极强的号召力

站长均是在村内具有影响力的人，他们具有较高的威望，在村内几乎一呼百应，号召力极强。通过他们的号召，单场活动开卡基本可以超过 10 张，远超客户经理自行组织活动时仅开卡 1—2 张的数量。

三、营销成本更具优势

在农村，存在地缘优势，且村民亲属关系较近，因此，站长只需用较低的成本就能完成金融业务的营销推广。

四、7×24 小时服务优势

农村普惠金融服务点基本开设在站长家里，不仅增加了村民对其的信任度，更能够满足村民早晚和非工作日的金融服务需要。站点提供的 7×24 小时服务是所有银行网点无法做到的，而且服务点的站长自然而然地成了村民的金融管家。

【案例】

一场活动开卡 132 张的成功公式

11 月 8 日是浙江稠州商业银行丽水某支行某村乡村振兴金融服务站开业的日子（见图 3-1）。开业当天，现场人声鼎沸、秩序井然，该支行储蓄理财部吴经理和她的团队创造了开卡 132 张的全行纪录！"论事易，为事难；为事易，成事难。"如果说成功有公式的话，那么对于吴经理和她的团队来说，这次的成功公式就是：

132 张卡＝精心的宣传＋明确的分工＋精妙的组织

精心的宣传。活动的顺利开展离不开有效的宣传。吴经理和她的团队的宣传方式可谓独具匠心。为了让更多的村民参与到开业活动中，吴经理特别制作了开业邀请券。在开业前 3 天，在村民夜晚空闲的时间，吴经理和她的团队成员偕同站长在村民广场、小店门口等村民聚集地分发邀请券，逐户登记客户信息，讲解该行存款贷款产品。同时，还与老客户和村党支部书记一起建立活动微信群，邀约村民进

图 3-1　某支行某村乡村振兴金融服务站开业

群。不仅如此，在开业前 1 天，团队通过电话再次邀约村民。精心的
宣传，让开业当天有超过 500 名村民到现场参加活动，吴经理团队收
集了有效信息 400 余份（见图 3-2）。

图 3-2　宣传推广现场

明确的分工。为了让如此大型的活动能够有条不紊、秩序井然，吴经理对每个环节的负责人员进行了明确分工。无论是对村民的引导、秩序的维持，还是开卡的安排、礼品的发放，都落实到人，并对整个流程进行演练，确保所有流程万无一失。在所有人员的努力下，开业当天，创造了开卡132张的纪录！每一个参与活动的村民都带着微笑前来，带着微笑离开（见图3-3）。

图3-3 开业引导现场

精妙的组织。一个在服务点开展的活动，做到有高度、有效果、有口碑，离不开精妙的组织。吴经理将银行、农村普惠金融服务点站长、社区三方联动起来，动员社区志愿者、帮帮团、军鼓队等为开业提供支持。当天，更是邀请到中国人民银行、中保财险的相关领导莅临开业仪式，为乡村振兴金融服务站授牌、揭牌。精妙的组织让服务站成了该村的金融中心，提升了服务站在村民心中的形象，最终让服务站成为村民生活中不可或缺的一部分。

成功不是偶然，努力才是必然。132 张卡的成功办理背后是服务站站长的强力支持，是吴经理和她的储蓄理财团队开展的一场又一场的营销活动、一次又一次的总结、一遍又一遍的演练。

第三节　运营模式——"轻资产重管理"

因为农村地区地广人稀，金融密度不高，所以能否找到投入成本低、可持续发展的商业模式，是决定中小银行是否有意愿深入农村做好金融服务的关键。很多中小银行前期也进行了一些探索，比如在乡镇街道和大的村居，通过离行式自助网点模式拓展业务，但是涉及的租金成本、装修成本和运营成本很高，所以只做了探索性的尝试，很难批量推广复制。尤其是在广阔的农村地区，这种模式更加难以执行。而农村普惠金融服务点模式可以很好地解决成本高这个问题。

一、轻资产

农村普惠金融服务点可以做到"两无一轻"。

（一）无人工成本投入

站长非中小银行的员工，不用发基本工资，而且可以做到"先有业务进来，再有费用支出"。

（二）无场地、水电、装修等成本投入

农村普惠金融服务点基本上都设在站长家中，水电、空调等费用均由站长支付；门面装修和宣传资料等费用均由合作伙伴先行支付。

（三）轻设备

设立农村普惠金融服务点，中小银行一般仅需要投入 2000 元左右购置一台助农 POS 机具，且机具还能回收。

这里可以将其与设立支行网点做简单的比较分析：从投入成本来看，设立一家支行的场地租金、装修投入、设备投入、员工工资等总成本一般不少于 100 万元，而设立一个服务点，算上 POS 机具、点钞机、监控设备、保险箱及简单的门面和墙面装修费用，总成本可以控制在 1 万元以内，所以设立一家支行的成本可以设立 100 个服务点；从产出来看，一个乡镇小微专营支行每年增加 1 亿元的储蓄存款是比较难的，但如果设立 100 个服务点，每个服务点每年增加 100 万元的储蓄存款，是比较容易的。所以两种模式投入产出比的差距显而易见。

二、重管理

虽然农村普惠金融服务点的投入成本比较少，但由于服务点站长的综合素质相对较低，就必须加强管理，才能确保服务点稳健发展。

（一）帮助站长成长

第一，帮助站长实现收入提升，这是服务点可持续发展的关键。一方面，支持服务点开展活动，促进业务量的持续增长，给站长带来稳定、持续、可观的收入；另一方面，不断丰富站点的功能，给站长带来额外收益。

第二，帮助站长实现价值提升。通过站点服务平台，扩大站长的交际圈和人脉圈，提升站长在当地的影响力；加强对站长的业务知识、营销能力等的培训，使站长成为村里的金融管家。

（二）重点防范风险

要把服务点建设好，必须严格进行风险管控，确保服务点能够持续健康发展。中小银行要针对服务点可能面临的操作风险（非法集资、客户资金挪用等）和声誉风险，制定严格的"人控＋机控"风险应对举措。

在"人控"方面，一是严格准入，控制风险源头。选择人品好、有威望的人员做站长。二是严格制度执行，严防操作风险。要制定相关的管理办法和措施，促使服务点建设工作更加规范。三是严格执行退出制度。对管理不规范、业务服务不到位、客户投诉多的服务点，要持续跟踪其潜在风险，达到一定程度后让其退出。

在"机控"方面，一是实时监控站点服务，开发相应的服务点监控系统，确保站点能实时查询、实时监控各项业务和服务；二是对站点POS机具进行限额设置，服务点配置的各类设备均要符合监管技术规范的各项要求；三是构建站点异常交易预警机制，将异常情况及时通过预警系统告知专业管理人员，并由专业管理人员给管村客户经理下达指令，客户经理必须核实后上报有关情况。

通过"人控＋机控"，使站长"不敢、不能、不想"违规，确保服务点安全运行、稳健发展。

【案例】

助农"铁娘子"——王经理

浙江稠州商业银行丽水分行首个开业的乡村普惠金融服务点，从签约到结算，再到达成沉淀资金超 1000 万元，仅仅用了 40 天！这一业绩是丽水分行某支行小微一部部门负责人"铁娘子"王经理一手创造的！

一、"铁娘子"的慧眼识人

要设立一个服务点，站长的正确选择是成功的第一步。为此，王经理从背景、性格、资源、能力 4 个方面综合考虑站长人选，最终锁定了村民黄某某。他为人上进、充满干劲，在村内经营瓷砖店，大多数的亲戚也都居住在村里，是站长的不二人选。然而，黄某某家人的反对、其内心的犹豫让签约并不顺利。其间王经理发现黄某某妻子赋闲在家，没有收入，便以此为切入点，成功说服黄某某担任站长。黄站长从犹豫到尝试再到坚持，都离不开王经理坚持不懈的劝说。在签约后，她几乎每天都到服务点走访，利用晚上空闲的时间，通过微信、电话等手段教授黄站长营销技巧，帮助他快速融入浙江稠州商业银行大家庭。如今的黄站长常常说："我就是要努力让这个村的每一个村民都有一张稠行卡！"

二、"铁娘子"的凝心聚力

成功打造一个服务点，离不开浙江稠州商业银行、宜农公司、站长的三方共建。在该支行行长的协调下，王经理组织带领两个部门的人员利用休息时间帮扶站长，用实际行动推动服务点发展。强大的团队凝聚力与战斗力让黄站长备受鼓舞，他经常主动出击，不仅与支行一起参与营销活动，还利用微信群、朋友圈，宣传浙江稠州商业银行的产品。

如何与宜农公司的市场专员协同共进？其中需要的不仅仅是大智慧，还需要巧劲。王经理给出的答案是加强沟通、互通有无。在每一场活动开始前，她都会与宜农公司的人员协商，研究细节；在活动结束后，她与宜农公司的员工一起分析，一起总结，为下一场活动做好准备。同时她充分利用浙江稠州商业银行、宜农公司的服务点政策，发挥政策优势，激励站长。

三、"铁娘子"的独具匠心

40天实现1000万元沉淀资金的业绩突破，需要不断开展营销活动，更需要在营销方式上步步为营、推陈出新。王经理先采取放电影、宣传金融知识、慰问百岁老人等方法提高支行在村内的公信力，再树立服务点在村内的口碑，然后紧抓时间节点进行营销，如举办端午节包卷饼活动、吃西瓜大赛等，让全村的男女老少参与进来，把服务点做到家喻户晓、人尽皆知。

如今该普惠金融服务点已获丽水人民银行授予的2020年度丽水乡村振兴金融服务点优秀站点称号。"铁娘子"王经理仍然奋斗在农村普惠金融服务第一线，走在建设下一个优秀服务点的路上，她身上折射出的是浙江稠州商业银行所有员工爱岗敬业、孜孜不倦的优秀品质。

第四节 主要内容——"123456"

农村普惠金融服务点涉及的内容很多，为便于相关人员宣传并明确工作重点，本部分将其总结为以下 6 项内容。

一、"1"个渠道

服务点不是一个产品，不是一项业务，而是一个重要渠道。通过服务点的服务，可以让中小银行达到提升品牌知名度、扩大客户规模、实现资产和负债类业务量持续增长、改善业务结构，乃至实现小微零售业务转型的战略目标（见图 3-4）。

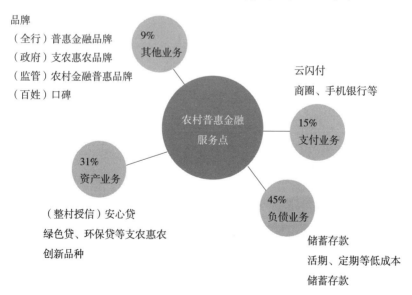

品牌
（全行）普惠金融品牌
（政府）支农惠农品牌
（监管）农村金融普惠品牌
（百姓）口碑

9%
其他业务

云闪付
商圈、手机银行等

农村普惠金融
服务点

15%
支付业务

31%
资产业务

45%
负债业务

（整村授信）安心贷
绿色贷、环保贷等支农惠农
创新品种

储蓄存款
活期、定期等低成本
储蓄存款

图 3-4 服务点业务结构图

二、"2"方得利

站长和管村客户经理是做好农村普惠金融服务点的关键方，所以必须让这两方都能切实得到好处。

（一）站长得利

银行和公司对站长开展业务培训，支持站长开展活动，帮助站长快速成长，提高站长的综合素质和业务能力。

（二）客户经理得利

客户经理冲在第一线，需要下沉农村，且前期时间和精力投入较多，因此需要制定切实可行的激励考核方案，调动客户经理的积极性。只有客户经理得利，服务点才能持续稳定发展。

三、"3"方合作

（一）三方职责

三方合作，共同受益。银行主要基于自身的资质、品牌、产品等，利用移动展业平台上门为村民提供金融服务；公司主要利用自身在农村拓展服务点的经验，对站长进行培训，对风险进行排查等；站长主要利用自身的资源，提供服务、开展营销等，帮助银行拓展当地业务。

（二）模式可持续

截至 2023 年末，在三方共建模式下，全国已经有多家中小银行（中原银行、桂林银行、贵州银行、长安银行等）及部分国有银行和农村金融机构，在展业区域内开展农村普惠金融服务点的推广工作，已建立近4万个服务点。事实证明，该经验可复制，该模式可持续。

四、"4"个基本功能

（一）党建

党建是4个基本功能中的首要功能，也是在农村发展金融业务的基本要求。中小银行要有政治觉悟，高举党建旗帜，向党学习、跟党走，要将党建特色体现在选人、选址、宣传等各方面，将服务点作为各层级政府党建宣传的落脚点。

（二）普惠

普惠是4个基本功能中的基础功能。一是依托POS机具提供小额取款、转账、汇款、代扣代缴等基础金融服务。二是提供征信、反洗钱、反诈骗等金融知识宣传和咨询服务，提升村民的金融素质。三是不断开发乡村振兴贷、共同富裕贷、绿色贷及环保贷等助农扶农的贷款产品，为农村、农业、农民提供金融支持。

（三）振兴

产业振兴是乡村振兴的关键，如何利用中小银行的优势，助力实现乡村振兴，是值得认真思考的问题。目前中小银行推进乡村振兴的方式具体为：一是在线下服务点设立"农产品专区"

展架，展销其他服务点的农产品；二是通过"线上商城"APP，将本村的农产品进行线上展销；三是对接银行积分商城，开设农产品专区，构建积分体系，进行农产品展销。

（四）文化

在服务点设置"文化长廊"，展示村内的发展文化、人文文化、民俗文化，同时推广乡贤文化、孝道文化等，以文化促进社会和谐。

五、"5"个关键节点

一是选址：严格按照监管部门的标准，根据地缘、人缘等因素，选好服务点位置。

二是选人：人是关键，选好了人，才能防控风险，实现业务量快速持续增长。

三是签约：只有签约后才算建立关系，才能更好地进行管理，才能让服务点站长认真开展业务，后续才能持续推动服务点发展。

四是开业：开业是一种仪式，更是一种昭告。其一，说明站长有意愿持续做好工作；其二，说明站长有能力，可以带动业务，且基本熟悉流程；其三，有政府监管部门、村民委员会支持，服务点可信度更高；其四，通过发放开业体验券、开展开业七天乐等营销活动，快速拓展业务。

五是稳定：只有确保站长收入稳定，才能留住站长。因为每个地方的收入水平不同，所以对业务量的要求也要有所差别，但核心是让站长能安心做好村民的金融服务工作。

六、"6"方满意

一是政府满意：服务点建设是按照乡村振兴战略要求，中小银行将金融服务下沉农村区域的具体措施。因此，一定要高举乡村振兴、共同富裕的伟大旗帜，推进服务点建设。乡村振兴包括人才振兴、文化振兴、产业振兴、生态振兴、组织振兴5个方面，而农村普惠金融服务点对这几方面均有所助益。第一，人才振兴，可以通过服务点的建设培养和锻炼金融人才，从而提高本村金融机构的金融服务能力；第二，文化振兴，服务点挖掘村居历史文化教育村民、宣传孝道文化涵养村风、传授金融文化守住村民钱袋子；第三，产业振兴，服务点是一个合作项目，站内设有一个线下扶贫专区、一个线上"农产品优选"网站，帮助农户销售农副产品，助力乡村经济建设；第四，生态振兴，银行要开发绿色贷、环保贷、乡村振兴贷等符合村民需求、助力乡村生态发展的贷款产品；第五，组织振兴，通过农村信用村（农村商业银行）评级等工作，积极推动乡村组织治理体系的体制机制创新。

二是监管部门满意：监管部门提出的"改善农村支付环境""打通金融服务'最后一公里'"要求需要金融机构认真落实。而农村由于缺乏竞争，目前很多服务点在设立后缺乏管理和助力，已经名存实亡，因此存在服务空白。中小银行的加入，可以为农村注入新鲜血液，更好地促进农村金融做强做大。

三是村民满意：有了服务点，村民足不出村就能享受金融服务，村民得便利；服务点开展公益活动，村民得实惠；整村授信及专业的金融服务解决了村民融资难、融资贵的问题，村民得支持。

四是站长满意：对站长要坚持"扶上马，送一程"的育成方式，前期多支持和多鼓励，让站长实现收入和影响力双丰收，站长满意了，业务就会源源不断。

五是客户经理满意：出台"看得见、摸得着"的激励考核方案，充分调动客户经理的积极性，同时加大政策支持，让一线客户经理抢着做、有动力。尤其是很多客户经理原来没有自己的展业范围，"东打一枪、西放一炮"，既很难控制风险，又不能抓住客户，业务不可持续。而通过服务点建设，客户经理可以建立自己的"根据地"，从而促进业务稳健发展，收入也就稳定了。

六是银行满意：在各大银行不断下沉服务的压力下，中小银行的转型已经迫在眉睫，如何找到一个蓝海市场是值得认真思考的问题，而在农村设立服务点是一个很好的办法。从中小银行的角度分析，要注意以下几点：第一，要立足长远，以"二次创业"的心态看待服务点的发展；第二，要综合考虑发展的短期利益和中长期利益间的平衡，要在 5 年甚至更久的时间内，加大基础建设投入力度，确保可持续发展；第三，要综合考虑品牌和价值的提升，相对来说，中小银行在农村地区的影响力不大，要让村民接受中小银行的服务需要一段时间，但只要多开展活动，加大宣传力度，村民肯定会接受的；第四，最终目的是实现品牌和业绩的双丰收。

【案例】

雷经理的"共同富裕"四步走战略

浙江稠州商业银行丽水分行某支行小微部负责人雷经理说起服务点建设，一直挂在嘴边的是：要想服务点长期稳健发展，就需要让一部分站长先"富"起来，再带动其他服务点"共同富裕"。这一目标的实现需要实施"共同富裕"四步走战略。

第一步，抓准时机，全员发力。

在丽水分行某支行小微部一直有个说法：客户经理怎么才能拿到各项竞赛的最高奖励，问雷经理就知道了。自分行开展服务点"扎营468"和乡村振兴贷活动以来，雷经理就认真研究各项方案，迅速制定实施计划，分析如何让客户经理既能高效完成各项指标，又能多拿奖励。他要求部门上下紧跟政策，同步开展两项工作，并通过预测奖励来提高营销人员的积极性。如今部门已有两人获得"扎营468"伯乐奖、3人加入"百夫长俱乐部"，团队更是分行第一支加入"雷霆战队"的队伍。

第二步，落实以服务点为中心的发展理念。

以服务点为中心，同步开展乡村振兴贷和商圈的营销推广是雷经理"共同富裕"四步走战略的第二步。对此，他先在设有服务点的几个村社开展乡村振兴贷整村授信工作，让客户经理和站长有效配合，这样既能提高站长的开卡量，又能提高客户经理的小微贷款业绩，可谓双管齐下，打响了"存贷"业务共同发展的"双响炮"。

第三步，充分发挥站长在乡村振兴贷方面的作用。

客户经理精力有限，而如果有站长的支持，在开展乡村振兴贷业务的时候可以达到事半功倍的效果。在服务点各项业务的开展过程中，雷经理团队充分发挥了站长的作用。一是站长了解村民信息，熟悉村民情况，可以帮助银行更好地把控风险；二是站长在当地的"知名度"能让村民更快地接受银行的产品，更放心地办理乡村振兴贷。

第四步，以"让一部分人先富起来"为手段，推动"共同富裕"。

实现"共同富裕"的最后一步，就是以"先富"带动"后富"。对此，雷经理会让服务点与服务点之间、站长与站长之间、授信村与授信村之间互相学习，取长补短，并在每月站长例会上让优秀的站长分享经验，帮助落后的服务点迎头赶上。

如今，丽水分行这第一支"雷霆战队"共签约服务点 13 个，达到开业标准的服务点有 9 个；签约客户数达 810 户，沉淀资金为 3000 余万元；签约乡村振兴贷授信村 13 个，达标村有 9 个，授信总额为 9000 余万元，授信户数为 522 户，贷款余额为 2400 余万元。雷经理的"共同富裕"四步走战略不仅让站长们先富起来，也助力了团队的每一位员工实现"共同富裕"。

第四章
中小银行总行级政策及推动

本章核心内容：中小银行总行要时刻保持前瞻性、创新性，制定与推进共同富裕契合的新政策和新模式，统一思想，以农村普惠金融服务点为推动共同富裕的金融立足点，夯实金融服务农村的阵地，通过"三级联动"构建"四级"农村服务网格，加快提升站点服务水平，打通金融服务"最后一公里"，助力共同富裕。

乡村振兴和共同富裕是新时代背景下国家的重要战略，中小银行总行要时刻保持前瞻性、创新性，制定新政策，发展新模式，探索新要素与新动能，积极落实国家战略。总行应成立一级部门——乡村振兴金融部，对全行服务乡村振兴、促进共同富裕工作进行统筹管理、科学布局；分行应至少成立二级部门——乡村振兴金融中心，以传达总行政策，推动相关方案实施和落地。总行通过紧紧围绕促进共同富裕的金融立足点——农村普惠金融服务点，下沉金融服务，完善金融服务的基础设施，提高金融服务在农村的可得性、便利性和可及性。总行要尽全力助力分支机构在农村区域扎实推进农村普惠金融服务点建设工作，延伸服务触角，推动渠道、产品、服务、资金在农村区域下沉落地，为开展农村金融服务完善渠道、奠定基础。

第一节　统一思想

党的二十大报告把"人的全面发展、全体人民共同富裕取得更为明显的实质性进展"作为到 2035 年我国发展总体目标的重要内容。中小银行各级领导和经营班子应深刻认识到共同富裕的历史使命与中小银行的发展战略高度一致，要牢牢把握乡村振兴和共同富裕给中小银行发展带来的重要历史机遇，必须更加主动地融入推进共同富裕的实践中。

一、认识存在局限

由于历史原因，"做公做大"的思想在中小银行各级人员中仍然普遍存在，且"做散做小"的思想未得到统一。中小银行对农村市场的开拓缺乏经验，即使是农村商业银行或邮政储蓄机构，也普遍认为农村市场小而散，下沉农村极为辛苦且效果不明显。概括起来，主要存在以下问题。

一是对农村市场认识不够。当前农村普遍存在"空心化"和"老龄化"现象，且农村市场的前景难以确定，再加上一些历史原因，导致部分中小银行分行以所在区域城镇化程度高、农村偏远、农村市场开发难等为借口，认定应主攻城镇地区，深入农村是没有未来的。

二是对发展农村市场不够坚定。喊口号的人多，真正做到下沉服务的人少；或者推进建设一段时间后，碰到困难或效果不明显就产生畏难心理。

三是对农村市场资源投入不够。初入农村市场，存在一个品牌普及、服务普及和产品普及的过程，村民接受新鲜事物也需要时间，这与中小银行"急速要效益"的需求相悖，从而导致很多部门和机构不会从长远的、可持续增长的角度算账，不舍得投入更多的资源。

二、打破思想障碍

打破思想障碍是推动农村金融工作的首要任务。思想统一是涵盖 3 个维度和 3 个层面的统一，即"规划、制度、考核" 3

个维度的统一，以及总行各部门间、分支行领导者、各级团队和个人的认识 3 个层面的统一，3 个维度和 3 个层面缺一不可。要实现以上 3 个维度和 3 个层面的统一，必须做到以下几点。

一是统一"抓住乡村振兴战略风口，借助机遇，实现中小银行业务可持续发展"的思想。服务乡村不仅是时代使命，也是银行特别是中小银行焕发蓬勃生机的机遇。下沉至农村这片蓝海不是可做可不做的，而是必须认真做的事情。

二是统一"以农村包围城镇"的发展策略，发挥中小银行机制灵活的特有优势，攻破竞争相对缓和的农村市场；相对于银行业竞争白热化的城市市场，农村区域主要由农村商业银行、邮储银行等机构提供服务，竞争相对不激烈。

三是统一着眼于长远的战略谋划，加大对农村市场开发的资源投入，形成总行各部门间的合力，以农村普惠金融服务点为载体，打出中小银行的乡村振兴组合拳。

【案例】

乡村振兴是"一把手"工程

浙江稠州商业银行为统一全行下沉服务的思想，制定并下发了《乡村振兴三年发展规划》，明确把乡村振兴工作作为全行未来的重要战略，并由分管行长多次牵头组织召开分支行"一把手"专题会议，让"农村是个广阔的天地，稠行在那里大有作为"的思想深入人心。

浙江稠州商业银行领导亲自对农村普惠金融服务点建设情况进行调研，并提出要"坚定落实乡村振兴战略，因地、因村制宜，深化农村普惠金融服务点建设，持续做深、做细、做透农村市场，在农村广阔的蓝海打响浙江稠州商业银行乡村振兴品牌。不断提升服务品质、丰富服务形式、扩展服务增值内容，加快推进信用村建设，实施差异化的金融服务，真正把浙江稠州商业银行利民、惠民、便民的各项政策措施落到实处，为金融支持农村经济高质量发展做出应有的贡献"。行领导基本上每个季度都要走访几个服务点，了解服务点业务开展情况，及时解决服务点发展过程中遇到的问题。

第二节 完善架构

好的战略要得到贯彻落实，必须配套相应的组织架构。农村金融工作是一项艰苦、细致且持久的工作，需要完善银行总、分、支行等各个层级架构，以此奠定农村金融工作持续稳健发展的基础。

一、"总—分—支"三级联动

要根据农村金融工作推进进度，在银行总、分、支行三级成立专职部门，确保垂直条线的管理质效。总行层面成立专职管理部门（一般应该成立一级部门），全面负责全行农村金融工作的管理和推进；分行层面设立专职部门或专岗人员，专岗专职负责业务运行及支持工作，对于业务体量较大、服务点建设较快的分行，可根据实际情况设立二级中心或专业管理团队；支行层面要根据服务点建设进程，探索设立支行乡村振兴业务部，建设一支乡村振兴客户经理队伍，专职负责乡村振兴战略工作落地事宜。

二、"市—县—乡—村"四级服务网络建设

《关于金融支持浙江高质量发展建设共同富裕示范区的意见》指出，要做好金融服务乡村振兴和金融帮扶工作，提升对

重点人群和薄弱环节的金融服务质效，拓展金融助农服务点功能。中小银行的营业网点主要在城区和县域，已基本实现对城市的全覆盖，但在乡镇缺乏服务网络，县域支行对农村的服务还不够及时和全面。随着农村普惠金融服务点的增加和扩展，中小银行应积极完善服务网络，在乡镇逐步开设智慧型社区支行，通过较少的人员配置和无现金业务的开办，让乡镇社区支行成为农村普惠金融服务点的管理中心，逐步形成针对乡村的"市—县—乡—村"四级服务网络。

【案例】

桂林银行的四级网络服务

2020年5月起，桂林银行总行和所有分行陆续成立乡村振兴工作部，并配备总人员数量1/6的专职工作人员，即近千名员工专岗专职服务农业产业、农村居民。桂林银行在市区、县域设立支行，在乡镇设立小微支行，在农村设立普惠金融服务点的"市—县—乡—村"四级服务网络，使金融服务乡村振兴工作有路线，有规范，更有基础。

桂林银行的四级服务网络布局合理、独具特色。村级服务点以集金融、政务、便民服务于一体的智能终端机为载体，具备开展农村基本金融服务和便民服务的功能；乡镇级小微支行遵循"轻型化、特色化、平台化"的建设理念，按照"1＋3"模式，配备1名行长及3名左右专职"三农"客户经理，对村级服务点进行管理，为站长提供金融培训，并提供"上门服务"，支援村级服务点，受理村民贷款申请等；县级综合支行提供业务支撑和培训、管理等支持，确保基本业务和管理方面的问题都能在县域解决；市级分行加强规划和政策指引，加强对政府项目的推动和落地，在各级政府部门的关心和支持下，从更高层面做好农村金融工作。

第三节　试点先行

自《中国人民银行关于推广银行卡助农取款服务的通知》(银发〔2011〕177号)发布以来,浙江农信(改革后为"浙江农商联合银行")立即响应号召,在广大的农村地区设立了以"丰收驿站"为主要形式的农村金融服务点。经过十多年的发展,浙江农商联合银行的服务点已经实现了对主要行政村的全面覆盖。而对其他类型的中小银行来说,农村普惠金融服务点建设是摸着石头过河,是一次大胆尝试。要从熟悉的城市市场快速转战到农村市场,中小银行必须将服务点建设好,并得到各地监管部门、政府部门及村民的认可。要做到这一点,"先考察、再试点、要固化、后推广"的发展道路值得借鉴。

一、充分调研

中小银行应主要从4个方面进行调研:一是同行业调研,借鉴同类中小银行建设农村普惠金融服务点的先行经验,由总行业务部门牵头,计财部、办公室等相关部门及部分分支行代表共同参与调研;二是模式调研,对目前农村普惠金融服务点建设、运营的几种模式进行调研、比较、论证;三是农村市场摸底调研,主要以政府部门收集所辖地区农村市场的基本信息为基础,再在分支行范围内开展"行政村摸底"调研,充分了解所在地区行政村数量、常住人口情况、经济发展情况及金融服务覆盖情况；四是监管环境调研，加强与各地人民银行、金融监管局等监管部门的联系，取得监管部门对服务点建设的支持。

二、先行试点

按照"试点先行、稳步推广"策略，在了解同行做法和推进模式，并对所辖地区农村市场进行充分调研的基础上，中小银行应选择主要地区和支行进行试点，一方面以较小的机会成本对农村普惠金融服务点建设进行试验，另一方面为未来其在全行推广总结经验。

【案例】

浙江稠州商业银行如何选试点

通过同业走访和对当地经营环境的充分调研，浙江稠州商业银行确定了"在杭州市、金华市、丽水市、湖州市等4个地区的15家县域支行试点，每个试点县域支行分别建立服务点1—2家，打造一批标准化、规范化、高质量的农村普惠金融服务示范点"的总体规划。

之所以选择4个地区，主要是为了在不同地区进行多方面尝试。杭州市作为浙江的省会城市，是浙江经济、文化、科教中心，也是长江三角洲中心城市之一，具有"农民富裕程度较高，农村与城市差距较小，金融服务在农村地区覆盖率较高"的特点；金华市是浙江稠州商业银行注册地，是浙江稠州商业银行网点最多、知名度最高的地区；

丽水市是浙江省内陆地面积最大、农村数量较多的地区，也是浙江稠州商业银行除金华地区以外支行网点最多的地区；湖州市是"绿水青山就是金山银山"理念的发源地，该理念非常契合乡村振兴战略的要求。除此以外，为取得更好的试点效果，对试点的15家支行同步提出了"支行长必须是本地人且有农村工作经验"的要求。

三、模式总结

（一）适合中小银行的"三方共建"模式

试点结果说明，以农村普惠金融服务点为平台，以"银行＋公司＋站长"三方共建的合作模式，以服务移动化、营销标准化、业务生态化、团队专业化的理念，配以各项金融和非金融服务，快速高效地推动分支机构服务点建设，并得到村民的普遍好评，为银行进入农村市场奠定了良好的群众基础。

1. 有助于服务点风险控制

通过银行、公司、站长三方签订协议，引入并借助科技公司专业的风控部门，以及巡查、暗访、后台监控等线上线下多重风险控制体系，有效排除服务点各类潜在风险。

2. 有助于服务点低成本扩张

在科技公司与银行的合作过程中，公司主要负责监控系统的搭建及必要辅助设备的布放，则农村服务点无须由银行人员驻守。与传统模式相比，共建模式节省了建设及人力等成本，有效降低了银行前期投入成本。

3. 有助于减轻基层行政管理压力

农村地处偏远，且站长非银行员工，导致服务点管理难度大、管理时间成本高。中小银行与科技公司对服务点进行共同管理，将服务点部分管理工作外包，能够大幅降低农村地区服务点设备维护压力。同时，服务点分担了农村地区的日常市场开拓和零散获客营销工作，可有效缓解支行在业务发展上人力和资源不足的问题。

（二）三方职责

明确各合作方的职责，共同推进农村普惠金融服务点建设。

1. 银行的主要职责

（1）按照"作战地图"挑选站长；

（2）做好各类银行产品咨询工作和工作人员培训工作；

（3）提供上门开卡、发卡服务，完善服务点功能；

（4）协助站长做好各类品牌活动策划、组织、实施工作；

（5）协助站长开展"普及金融知识""防诈骗"等公益活动；

（6）做好风险控制；

（7）建立服务点档案；

（8）定期检查《银行卡助农服务登记台账》，收集和核对交易凭条；

（9）接受中国人民银行各省份分支机构、金融监管局等机构的日常管理、检查和辅导，与相关单位做好业务沟通；

（10）取得当地政府尤其是乡镇（街道）、所在村村民委员会对工作的支持。

2.科技公司的主要职责

（1）同银行一起选址、选人，并进行实地考察；

（2）装修服务点（包括招牌、门头牌、上墙资料等），安装、调试机具（包括监控设备、点钞机、保险箱等）；

（3）完善电子商务平台及各项便民服务体系，提高服务点服务黏度；

（4）协助银行完成对站长的培训赋能和日常管理；

（5）其他职责。

3.站长的主要职责

（1）遵守规章制度，借助银行提供的设备，做好村民小额取款、转账、查询等银行规定的金融服务；

（2）按照要求，提供监管部门许可范围内的金融业务咨询服务，并组织相关宣传活动；

（3）提供10平方米以上的经营场地，提供办公桌椅，并安装宽带、Wi-Fi、电话线等；

（4）负责服务点日常经营工作，承担经营期间的水电费、网络费、办公耗材费等费用；

（5）依法合规经营，不得利用服务点搞非法集资，不得贬低同业搞不正当竞争，不得虚假宣传、空头承诺，不得损害银行声誉。

（三）站长服务收入构成

农村普惠金融服务点站长主要从业务交易、新增客户、活动开展、服务评级及其他 5 个大项的 20 个小项（见表 4-1 ）中获得服务收入。

表 4-1　站长服务收入构成情况

序号	大项	小项
1	业务交易	小额取款
2		现金汇款
3		转账
4		余额查询
5		代缴费
6	新增客户	新增开卡
7		存量客户维护
8		云闪付新增户数
9		乡村振兴资产业务推荐户数
10	活动开展	大型活动（50 人以上）
11		中型活动（30—50 人，包括 50 人）
12		小型活动（10—30 人，包括 30 人）
13		微型活动（10 人以内）
14	服务评级	月度优秀服务明星
15		季度优秀服务明星
16		年度优秀服务明星
17	其他	获得当地政府相关部门授予的荣誉
18		获得中国人民银行各省份分支机构、金融监管部门授予的荣誉
19		获得村民委员会授予的荣誉
20		获得村民认可

第四节 打造示范

一、逐层推进的"首家示范"

"学有标杆，行有示范。"中小银行在农村普惠金融服务点试点建设过程中，应按照"全行首家—分行首家—支行首家—团队首家—个人首家"的推进模式进行逐层扩展。对于全行首家开业的站点，总行应高度重视，集中资源重点指导，对开业庆典的各个环节逐一确认，确保首家开业站点有较好的示范效应。只有分行、支行、团队和个人均有属于自己的服务站点，才能让服务点"看得见、摸得着"，"首家示范"效应才会显现出来。

【案例】

打造首家开业站点样板

浙江稠州商业银行首家开业服务点于 2020 年 5 月 20 日在金华市磐安县尖山镇林庄村落地。为了提升本次开业庆典的效果，总行专门安排人员提前 3 天到达现场，成立开业筹备小组，指导和协助分支行人员和站长进行开业筹备。通过开业前期的大力宣传，开业当天总行分管业务副行长、磐安县副县长、中国人民银行磐安县支行行长、尖山镇书记、林庄村民委员会成员及村民都参加了这场"林庄村的喜事"。服务点在林庄村的落地受到了当地政府的支持，获得了中国人民银行磐安县支行的认可，得到了当地村民的热烈欢迎，开业庆典相当成功。

二、"3个维度"标杆

站点建设推进到一定阶段后，总行要积极打造"3个维度"标杆：一是分行维度，包括分行的政策制定、资源倾斜、目标设定、过程管控等在服务点建设过程中如何有效落地；二是支行维度，支行如何对服务点建设进行整体规划，如何获得当地政府支持，如何调动团队和客户经理下沉农村的积极性，如何管理站长并推动服务点持续高效发展等；三是服务点维度，服务点如何迈出第一步，站长如何保持服务点业务的持续稳定增长等。从"3个维度"打造标杆，最终形成"示范分行—示范支行—示范站点"的推广经验。

【案例】

打造优秀标杆

截至2020年7月末，浙江稠州商业银行已经建成了一批农村服务站，及时总结经验、发掘优秀案例、树立标杆成了当务之急。总行根据实际情况，选取了金华分行和丽水分行作为服务站建设示范分行；选取了金华磐安支行、金华永康支行、丽水松阳支行和丽水缙云支行作为示范支行；选取了林庄村服务站、丰陈村服务站、章巷村服务站、长命村服务站等 8 个服务点作为示范服务点，分别总结了管理、发展和服务经验，形成了《农村金融服务站选人选址标准》《稠州银行农村金融服务站建设应知应会》《稠州银行农村金融服务站管理办法》《稠州银行农村金融服务站建设"八个标准化"》等一系列指导文件和经验材料，为 2020 年 8 月全行推广服务站建设奠定了坚实的基础。

第五节　全面推广

在试点过程中，中小银行应不断总结试点经验，积极交流工作做法，在分支行取得实际成果、试点服务点运营稳定后，及时总结经验并在全行快速复制推广。

一、经验推广

总行管理部门要将试点期间取得的成绩进行展示和宣传，取得总行相关部室及各分行的认同。对于在试点期形成的工作经验，要通过线上、线下各种渠道进行分享。对试点推进过程中的主要做法，制作不同类型的课件，组织专职队伍深入分行、支行进行培训。

二、结对帮扶

根据实际情况，针对同类型分支行制定跨机构、跨支行、跨团队的结对帮扶机制，以更加实用的方式进行"手把手"指导，将试点取得的经验进行"一对一传播"。

三、分类管理

从试点到全面推广，总行管理部门要对各分支行所在地域的城乡分布、网点覆盖率等不同情况予以考虑，将分行按发展状况分为引领行、重点行和帮扶行三大类。对引领行，由总行直接指导和帮扶，总行业务部门安排专人驻点，协助分支行共同制定政策，躬身下沉，并与分支行人员及站长"同吃同住同劳动"，加强人力资源倾斜、财务资源倾斜及"手把手"带领，形成可供学习和借鉴的经验；对重点行和帮扶行，采取跟班学习、"引领行一对一帮扶"等措施，将优秀经验复制推广。

【案例】

如何分类管理及推广分行

浙江稠州商业银行在全行推广经验的过程中，将经验较丰富、支行网点较多的金华、丽水分行作为引领行；将辖区内农村数量较多、支行网点覆盖率较高的台州、衢州、温州、湖州等分行作为重点行；将经济较发达、城镇化率较高的杭州、宁波、嘉兴、绍兴分行作为帮扶行；而对于上海、南京分行，则暂缓执行农村普惠金融服务点建设策略。

第六节　站点赋能

如何做到"基础服务不出村、综合服务不出乡镇"，让老百姓享受均等便利，是金融服务人员要补的课，也是农村普惠金融服务点要履行的服务职能。打造"村民综合服务中心"是中小银行建设农村普惠金融服务点的目标所在。让农村普惠金融服务点提供更多的综合服务，就是为站点赋能。

一、站点赋能的 4 个作用

一是区别于目前村内已设立的服务点，这些服务点仅提供小额取款、转账、汇款、查询、代缴费等依托助农 POS 机具的金融服务，农村普惠金融服务点丰富了"非金融"服务功能，进一步形成中小银行金融服务点的特色，打造品牌和口碑，进而获得监管机构、地方政府等部门的支持。

二是在乡村振兴大背景下，丰富站点政府类服务功能，让服务点成为各级政府、村民委员会落实乡村振兴战略的落脚点，进而获得政府部门支持。

三是通过丰富站点的服务功能，加强站长与村民之间的黏性，为中小银行的业务发展奠定基础。

四是保证中小银行服务点正常营业。服务点站长多为兼职人员，且随着非接触性金融服务的普及，站点关门歇业、服务暂停的情况频现，服务点只有提供更多的便民服务，才能够让站点保持正常营业状态。

五是通过服务的引入，给站长提供增加收入的渠道，以此提高站长的积极性。

二、站点赋能的 4 个方向

站点赋能是以服务点为载体，以提供金融服务为基础，以村民综合服务不出村为宗旨的，不断创新和融合，逐渐将服务点打造成"金融＋非金融"的便民综合服务中心。具体可从以下 4 个方向着手。

（一）"金融＋党建"

"党建引领，乡村振兴。"中小银行在服务点建设推进过程中，主动对接村民委员会，以服务点为载体，建立针对银行和村民委员会的党建共同体。一是在拟选村社中优先选择党员来做站长；二是积极参与宣传党的金融政策，弘扬光荣传统，传播先锋精神，积极开展党员慰问、支部共建、和谐乡村（美丽乡村）建设等各类活动；三是在行内积极培养一支懂农业、知农村、爱农民的干部队伍，常驻乡（镇）、村共同开展工作。

（二）"金融＋普惠"

普惠金融服务是中国人民银行等监管部门在各类政策文件中明确要求提供的基础服务。服务点提供的普惠金融服务，主要包括以下 3 个方面：一是围绕"打通农村金融服务最后一公里"

的整体目标，在金融服务空白的行政村设立服务点，依托服务点的助农 POS 机具，开办小额取款、转账、余额查询、代理生活缴费等金融业务以方便农户；二是以服务点为载体，加强与相关部门的合作，共同开展反洗钱、反假币、反诈骗及征信等金融知识的宣传；三是创新普惠贷款产品，推出服务"三农"的专项贷款产品，为农民生产生活、农业高速发展、农村产业振兴提供资金支持。

（三）"金融＋振兴"

乡村振兴战略是党的十九大提出的一项重大战略。按照乡村振兴战略要求，中小银行金融服务点要重点在"产业振兴、人才振兴"上发力。一是在产业振兴方面，发放"三农"普惠贷款，依托背靠背评议和大数据风控技术，让村民足不出户就可以支取、归还贷款；加强对扶贫地区优质农产品的推广，从而更好地践行服务"三农"的初心使命和责任担当。二是在人才振兴方面，与各级政府部门对接，将引资与引智结合，通过引智提升村民的金融知识水平和文化技术水平，并以服务点的建设来解决村内留守妇女、退伍军人等的就业问题。

（四）"金融＋公益"

以农村普惠金融服务点为依托，基于成立的乡村振兴服务队，组织开展以关心空巢老人和留守儿童为主题的乡村振兴服务活动，引领广大青年积极参与乡村振兴事业，助力农村农业发展，助力共同富裕示范区建设。

围绕以上 4 个方向，将中小银行的农村普惠金融服务点融入乡村振兴治理体系中，站点赋能才更有意义（见图 4-1）。

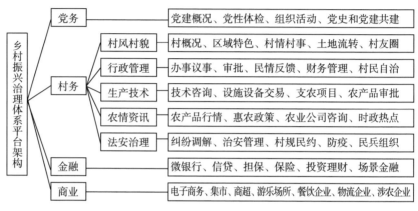

图 4-1　站点赋能的 4 个方向

【案例1】

桂林银行服务点赋能"花样百出"

桂林银行工作人员在桂林市临桂区两江镇渡头村的服务点，悬挂了"桂林银行农村普惠金融服务点""城乡居民基本医疗养老保险综合服务点""农家书屋""乡村振兴自助医疗服务点"等八九块牌匾，每块牌匾都代表一项或几项便民服务功能。在服务点，村民不仅可以方便完成小额取款、转账汇款、贷款咨询业务，还能缴纳水电费和社保医保费用；小朋友放学后可以来这里借阅公共书籍，青壮年劳动力则可以通过站点了解招工信息。此外，站点还不定期开展科普进村、农技下乡、禁毒反诈宣传、文艺演出等活动。

截至 2021 年末，桂林银行已经通过农村普惠金融服务点铺设了5941 个社保代缴点、2652 个存款保险宣讲点、804 个退役军人就业创业驿站、318 个自助医疗服务点、884 个警银共建服务点、852 个农家书屋、200 个金融红色驿站、235 个红十字博爱驿站。

【案例 2】

"小切口"扣动"大牵引"

"今天仅充话费一项业务就办理了 16 笔，还有 2 位村民来咨询了解'乡村振兴贷'，一位打算在村里建新房，另一位是种植蔬菜的农户想建大棚。"2021 年 1 月，做了 29 年村妇女主任的浙江省金华市武义县壶山街道草马湖村村民李晓群从工作岗位上退下来后，受聘担任浙江稠州商业银行金华分行武义支行草马湖村农村普惠金融服务点站长，开启了李晓群"楼上即是家、楼下随时服务"的工作模式。

1. 延伸"非金融"服务

武义县是浙江 26 个山区县之一，"八山半水半分田"的地理地貌特征，使全县村庄分布广而散，村民一度面临出门行路难、用水用电难、生活生产难、发展经济难等"七大难"问题。

"我们一直在探索助农支农新路径，在提供资金帮扶等金融服务的基础上，从村民们的日常所需入手，沉下心、俯下身，进一步延伸'非金融'服务。"浙江稠州商业银行金华分行行长李霞表示。

"2019 年，我们打算做农村普惠金融服务点的时候，大家都是两眼一抹黑，没经验。围绕乡村振兴痛点和农村金融服务多元化需求，我们部门员工每周至少有 4 天到农村去,与村民接触多了、交流深了,村民们说我们身上有乡土气时,我们也渐渐找到了方向。"浙江稠州商业银行金华分行乡村振兴金融部负责人羊茂卿原先负责贷款审批,如今"跨界"与"农"打交道。

2020 年 5 月 20 日,浙江稠州商业银行首个农村普惠金融服务点在金华市磐安县尖山镇林庄村开业。这个服务点使村民"足不出村"就能享受安全、便捷的基础金融服务,并为村民提供汇款转账、水电费缴纳、话费充值等公共服务。

"服务点站长的人选很重要,我们一看征信,二看办事,三看进取心,以选出有人缘、有威信、有文化、有时间、有精力的人,党员或党员家属优先考虑,并随机调查和听取村民委员会及部分村民意见。"羊茂卿介绍,目前,有党员身份(含站长家属是党员)的站长占比近 70%,即使站长为非党员身份,也会配合协助村民委员会开展党建活动。

浙江稠州商业银行武义支行客户经理邹苏澜,是 5 家服务点的"辅导员",他一半以上的工作时间都在村里,负责对站长进行风险合规、机具操作、基本规章制度等培训。

"今年,金华当地公安部门查办一起诈骗案,金华市区及周边许多村的村民、拆迁户都被骗了,涉案金额较大。由于李晓群平时注重对村民进行反诈宣传,西溪村草马湖 1400 多人无一人被骗。这个村户均贷款金额达 12 万元左右,不良率为零。"邹苏澜说。

在金华银保监分局的指导下,浙江稠州商业银行金华分行借助浙江省金融综合服务平台,利用数字化技术手段,与浙江省农业融资担保有限公司合作,创新推出"共同富裕贷""乡村振兴贷"等信用类融资产品，为农业企业、新型农户创业创新提供资金支持。

两年来，浙江稠州商业银行与武义县 258 个行政村中的 71 个村居确定农村普惠金融服务点站长意向人选，已实现挂牌开业 36 个服务点，全县村居农村金融服务覆盖率达 58%。通过"乡村振兴贷""共同富裕贷"，浙江稠州商业银行金华分行武义支行为全县 150 个村居、15.78 万户农户提供授信 11.89 亿元，已签约 6549 户，贷款金额达 3.09 亿元，目前不良率仅为 0.06%。

2. 信息进村入户

2021 年 11 月《浙江银行业保险业支持高质量发展建设共同富裕示范区行动方案（2021—2025 年）》发布后，2022 年 3 月，浙江银保监局制定并下发《浙江银行业保险业支持高质量发展建设共同富裕示范区工作方案（2022 年度）》，提出 20 个 2022 年度的重点工作方向，包括建立"三张清单"，即重点工作任务清单、重大改革清单和支持山区 26 县跨越式发展重点任务清单。

2021 年 8 月，浙江稠州商业银行金华分行武义支行、人保财险武义支公司与武义县农业农村局、武义县乡村振兴局、中国联通金华分公司武义营业部等单位签订乡村振兴战略合作协议，由浙江稠州商业银行提供服务点，人保财险提供协保员，走村入户宣导金融知识，为当地村民提供银行、保险、电信等方面的便捷服务。

"我们在每个行政村都建立了益农信息社（以下简称'益农社'），每个社至少选出一名信息员，依托益农社运营体系，通过县、乡、村三级联动推广公共服务，促进乡村产业数字化和数字产业化。"武义县农业农村局农业信息中心负责人徐上介绍。

"益农社与农村普惠金融服务点的整合，打通了农村信息服务和金融服务的'最后一公里'，使益农社不仅仅成为村级服务站，还成为村级金融服务站、'店小二'、农产品出村进城的销售点、大数据采集的工作站。"武义县农业农村局相关负责人表示。

近年来，武义县将智慧农业、数字农业、未来乡村建设作为实施"互联网十现代农业"行动的措施，瞄准"农产品产销对接一体化""可持续的数据采集模式"小切口，通过"政企服社"（政府搭建平台整合资源，运营企业优选服务商，整合各类商业服务，益农社信息员积极参与）四位一体的运营模式，助力"信息进村入户、农产品出村进城"，带动农业服管融合与农产品"质优价好"的引擎。

"通过与浙江稠州商业银行等单位开展各种公益服务、便民服务、直播电商、培训体验，实现了百姓得实惠、运营商有效益、信息员有积极性的多方共赢。"徐上介绍，目前，武义县已建成500个益农社，铺就了一条覆盖农村、立足农业、服务"三农"的信息高速公路，成为全国电子商务促进乡村振兴十佳县域、浙江省"互联网十"农产品出村进城工程试点县和浙江省农播示范基地。

据了解，目前至少有1/5的益农社信息员的月收入少则数百元，多则数千元、上万元，月收入达万元以上的信息员有20多位，月收入达10万元以上的信息员有3位。2022年前三季度，武义县低收入农户增收额居全省第三。

3. 农产品出村进城

"香菇有等级之分，储存超期会自动降级。市场上很多香菇是按一级菇的价售卖，但香菇品质已经在仓储和陈列过程中下降了。"武义众邦农业发展有限公司（以下简称"众邦农业"）负责人应露晶向前来调研的浙江稠州商业银行一行工作人员介绍。

众邦农业是武义县农业农村局益农社的运营服务商，负责全县"三农"服务，并致力于对接农产品产销信息。通过汇总信息数据，众邦农业为不同量级的产品匹配适合的供应平台，做到每天配送、确保新鲜。

"2020 年疫情期间，周边农户的蔬菜滞销。我们通过商城平台帮助农户同城配送蔬菜，销得非常快，暂时缓解了滞销压力，但后来销量锐减，同时因为我们没有配套的仓储设施，蔬菜保鲜未做到位，造成不小的亏损。"应露晶说。

2021 年，众邦农业提出，未售出的农产品必须通过集中汇总、分类处理，再辅以专业的包装和配套运营，才能创造出更多增值效益。这是公司在持续 3 年多的"三农"运维服务中总结出的经验，于是农产品集配服务中心应运而生。公司帮助农户设计商标、标签，协助农户完善标签中的产品信息，提供农药残留检测服务等一系列配套服务，帮助一些农产品提升附加值。

农产品集配服务中心除了自营外，还与浙江稠州商业银行开展农产品产销对接活动，让低收入农户等困难家庭滞销的农产品出村进城。2022 年 2 月以来，该中心通过信息对接，匹配成交交易额达 800多万元，其中香菇、生姜等产品的交易量较大。

产业振兴是乡村振兴的关键。"初级农产品一旦过了季节就不存在持续的盈利能力，2022 年我们在开发宣莲、蜜梨、香菇的衍生品，年底至明年陆续会有相应的产品开发出来，明年将继续往深加工等产业方向延伸发展。"应露晶向浙江稠州商业银行工作人员描绘建设蓝图。

2022 年以来，浙江稠州商业银行在浙江多地联合各方开展有关"温州水产""丽水青瓷""畲乡泡笋"等各类助农直播 20 余场，通过"人进货出"助力当地特色农产品拓宽销售渠道；开展"金融赶集"、公益慈善、关爱空巢老人和乡村儿童等活动，帮助村民提高反诈意识，丰富村民业余文化生活。

"乡村振兴工作是我们当前和未来一段时期的主攻方向。接下来，我们将响应金华市政府号召，打造若干个村民能够就近办、上门办、掌上办、自助办的兼具政务和金融服务的便民示范站，进一步延伸金融服务触角。"李霞表示。

《中国银行保险报网》 梅琳，2022 年 12 月 8 日

第五章
分支行落地实施

本章核心内容：2022 年中央一号文件提出，要强化乡村振兴金融服务，加强乡村振兴人才队伍建设。按照中国人民银行对农村普惠金融服务点的"属地管理"要求，分行与支行在与当地政府及相关部门携手合作、对村域实地调查的基础上，加快培育乡村振兴专职客户经理和金融服务点站长两支人才队伍，制定切实可行的目标和执行计划，进行目标制定、区域划分、团队管理和过程管控，最终实现中小银行在农村金融市场稳健发展的目标。

总行明确战略和政策后，下一步工作的关键在于分支机构的落地实施。分支机构要通过充分的市场调研，加强与地方政府和监管部门的联系，按照"五个振兴"相关要求，打造乡村振兴专职客户经理和金融服务点站长两支队伍，有步骤、有策略地推动农村普惠金融服务点相关政策在分支行的落地实施。

第一节　分行落地实施

一、政银携手，取得当地政府的大力支持

获得当地政府部门的大力支持，是中小银行推进农村普惠金融服务点建设的重要抓手。在2020年底的中央农村工作会议上，习近平总书记提出"民族要复兴，乡村必振兴"，要求举全党全社会之力推动乡村振兴。2021年初，国家乡村振兴局挂牌成立，这标志着乡村振兴战略迈入新的历史阶段。随着各省、市、县乡村振兴局的挂牌成立，各级政府陆续明确了乡村振兴推进工作的牵头部门。农村普惠金融服务点是一个载体，其设立的初心和终极目标，都是响应乡村振兴战略号召，为村民提供"最后一公里"的金融服务。只有农村普惠金融服务点与各级政府开展密切合作，才能使工作方向更准、项目发展更稳。

（一）专人负责

对接市政府相关部门，至少需要分行主管部门负责人及专职人员负责，同步要求指定支行行长作为对接县域政府相关资源的专人。要明确汇报的频率和要求，积极争取政府的支持，共同为农村金融工作提供良好的外部环境。

（二）项目对接

提前准备相关汇报资料，由行内指定专人，向市政府相关部门的主要人员，从"助力乡村振兴""履行社会职责""打通乡村金融服务最后一公里"等角度阐释开展农村普惠金融服务的重要性，同时介绍中小银行普惠金融服务模式。

通过专题汇报，让政府部门认可中小银行是政府农村工作的合作伙伴，让其知晓农村普惠金融服务点不仅能满足村民的"金融＋非金融"服务需求，更能满足村民的生产、生活需要，努力争取获得政府的大力支持。

（三）资源争取

一方面，通过汇报获得政府部门对农村普惠金融服务点建设的支持，推动政府相关部门发文，或开具支持普惠金融服务项目工作的介绍信。

另一方面，通过汇报与政府部门签订共同支持乡村振兴战略的合作协议，推动农村普惠金融服务点建设融入当地政府工作中，与当地社会经济发展规划相融合。

【案例】

桂林银行与广西人社厅合作助力乡村振兴

2020 年 8 月，桂林银行与广西壮族自治区人力资源和社会保障厅签署乡村振兴战略合作协议。根据协议，桂林银行将充分发挥"市—县—乡—村"四级服务网络和"三农"专职队伍的优势，与自治区人力资源和社会保障厅在社保业务、创业就业服务、农民工工资保证金服务、推动养老保险制度改革和人才培养等方面进行合作，共同探索金融与民生服务体系的深度融合创新，推动社保政策、人才政策和金融政策协同联动，助力广西壮族自治区农村振兴（见图 5-1）。

图 5-1　桂林银行服务点的"功能牌"

二、展业调查，充分掌握所辖地区农村市场现状

（一）对所辖地区农村现状开展摸排

农村市场到底有多大？农村市场的金融竞争状况如何？农民对中小银行的接受程度如何？农民当前的金融需求在哪里？等等。

分行要在其所辖地区农村市场开展摸排调研活动，调查的重点是所辖地区行政村数量、主要经济特色、近几年的信用、主要经商能人及知名乡贤等情况，以此掌握农村金融市场现状的第一手信息。

（二）对所辖地区农村市场的金融环境开展调研

一是了解农村地区金融服务覆盖率，特别是农村普惠金融服务点在各行政村的覆盖率，以及各行服务点的运营模式、服务模式，村民对服务点的服务满意度等；二是了解当地村民对金融服务的需求，包含基础的存、转、汇、贷等内容。

（三）对当地政府部门、监管部门支持程度开展调研

2011 年，中国人民银行发布《中国人民银行关于推广银行卡助农取款服务的通知》，从改善农村支付环境角度，提出商业银行可以在农村依托商户布放自助机具，设立"银行卡助农取款服务点"。农村商业银行及邮储银行因主要服务于乡镇及农村金融市场，所以抢占了先机，最早开始布局和建设服务点，已基本形成"两足鼎立"、服务点覆盖率较高的局面，但是目前农村商业银行和邮储银行的服务点已经不能满足村民日渐增长的金融和非金融服务需求。因此，各级政府特别是中国人民银行等监管部门对中小银行在农村地区推广农村普惠金融服务点建设总体持肯定的态度。

【案例】

分行如何开展农村摸排

浙江稠州商业银行丽水分行围绕"所辖地区农村区域基本情况、辖区内总共有多少个乡镇（街道）、各乡镇（街道）的经济特色如何、哪几个乡镇（街道）优先布局和重点布局"等内容，在所辖范围内开展了摸排调查，并由分行一把手带头深入乡镇和农村，最终加深了分支行对所在区域村情村貌的了解，增强了分行与当地政府、当地乡镇部门的情感联系，获得了进一步深耕农村市场的第一手宝贵资料。

三、制定计划，让农村市场开发目标明确

根据摸排掌握的实际情况，确定各机构对每个乡镇的营销计划。一是出台《农村金融服务站五年发展规划》，明确 5 年内的具体开发目标；二是根据县域和农村情况，从获得政府部门、监管部门支持角度，从产业集聚和农民需求等角度，确定示范支行；三是通过对同业农村金融服务点的调研，创新中小银行服务点的优势和定位，为做好农村金融工作奠定基础。

（一）整体规划

以分行为单位，从渠道建设、发展目标、品牌效应 3 个方面制定 5 年发展规划。

第一，6 个月内每个县域支行均有一定数量的农村普惠金融服务点开业，以此检验服务点建设效果。

第二，1年内行政村服务点覆盖率达到10%以上，助力乡村振兴行动得到乡镇及村民委员会、村民的高度认可。

第三，2年内行政村服务点覆盖率达到20%以上，助力乡村振兴行动得到当地县政府及监管部门的认可。

第四，3年内行政村服务点覆盖率达到30%以上，助力乡村振兴行动推广到全市。

第五，5年内行政村服务点覆盖率达到50%以上，助力乡村振兴行动推广到全省。

（二）示范县建设

第一，统一思想。统一全行思想，把制约发展的内部流程全部打通，同时拿出全行资源推进示范县服务点建设。

第二，制定目标。明确可行且具有挑战性的目标，同时制定出强有力的考核办法，重奖重罚。

第三，资源倾斜。组成战斗小组，重点配置人力、物力、财力，对于示范县支行要配置专人推进工作。

四、分层管理，加强开发的过程管控

县域支行对农村普惠金融服务点建设的认识不一，所辖地区村域情况、队伍战斗能力不一，而且农村普惠金融服务点建设有先后，站长文化程度、经验、履历、工作能力不一。针对这些客观情况，分行应将不同的支行和站点划分为若干个层级，开展分层分类管理。

（一）管好进度

分行结合年度目标，抓好各支行、团队的时序进度，分行管理部门要善于发现问题、解决问题，要通过树立先进、分享有效经验，促进各团队平衡发展。

（二）做好分层

一方面对支行进行分层管理。将支行分为"领头支行、重点支行、发展支行"3 个层级，对领头支行按照示范县标准重点给予资源倾斜，促进其优先发展，并带动其他支行的发展；重点支行要复制领头支行的优秀做法，并针对其进行重点帮扶和指导；待领头支行和重点支行的发展步入正轨后，再重点帮扶发展支行，最终达到各支行全面、均衡发展的目的。

另一方面对服务点进行分层管理。根据服务点服务情况、业绩情况及站长的认识、意愿、能力等，将服务点的发展划分为起步阶段、成长阶段、提升阶段、稳定阶段 4 个阶段，针对 4 个阶段开展不同的管理。

（三）每周跟进

分层管理工作的执行和成效，要细分到每一周，根据工作进展情况进行跟踪管理。分行管理部门每周都要对支行的推进情况进行点评和督导。

中小银行只有基于各项指标的规定，通过每周监督、每周总结，才能养成良好的工作习惯；只有通过每周跟进，才能实现各支行的平衡发展；只有通过"切香肠式"管理，才能培育一批富有经验的客户经理和一批能干、肯干、干得好的站长。

【案例】

浙江稠州商业银行某分行服务点建设经验总结

经过1年左右的努力，该分行辖内10家支行共实现签约服务点506个、挂牌开业131个。该分行从队伍建设、过程管理、标杆树立、结对帮扶等方面入手，取得了较好的成效。

一、建好队伍，专管员是先锋队

支行助农专管员是支行班子的参谋，是分行管理部门的重要助手，支行领导要及时解决专管员履职过程中的难点、堵点，树立专管员的工作权威，提高专管员的工作效率。

二、业务技巧，分层分类很重要

通过梳理对服务点进行分层分类管理，细分目标，先易后难，逐一由专人落实跟踪，每周通报进度。可以通过抓好示范服务点的提质增效工作，提高员工的帮扶能力。

三、做好业务，信心比金子还重要

该分行已经形成"从要我做，变成我要做"的氛围。这样的氛围，能让站长化压力为动力，做到日日有服务、周周有提升、月月有进步，从而实现"提高收入，稳定队伍"的良性循环。当然，目标怎么定，还需要一定的技巧，不能硬来。

我们说信心，先是员工要有信心，才能去感染站长。通过实实在在开展活动等，让更多的站长逐步成长起来，反过来也能增强行内员工的信心。

四、做好落实，支行班子是关键

服务点项目要"一把手抓，抓一把手"，通过支行班子这个重要一环，理清思路，统一思想，做好分工，抓好落实。针对服务点的分层分类管理、月计划制定、周计划评价、人财物支撑，各支行都要纳入行务会中，经常性地进行研究部署。

支行要责成专管员对计划执行情况进行审核，盯牢责任人，做好督导。通过人人有担子、人人有点子，把任务指标按时序进度一步一步推进。

五、做好帮扶，团结就是有力量

在考察签约和日常走访中，我们都诚恳地告诉站长：浙江稠州商业银行的服务点建设是一个团队项目，希望大家发挥各自的优势，相互协作，永不孤单。对任何一个站长，都要坚持"扶上马，送一程"，通过客户经理与站长间高频率联系，增进感情，增加信心。我们要宣传本支行的模范站长，发挥领头羊标杆效应。一个团队至少要有一个非常配合工作的站长来带动工作，一个支行至少要有3个积极的站长。能做到这样，何愁队伍不好带呢？且任务分解到团队后，这项工作也不再那么难了。

六、线上线下，用心打理站长群

要建立站长群，每天发布一个亮点，把站长队伍中的"好人好事好经验"宣传好，即通过宣传身边的模范，树立站长的信心。

通过狠抓站长群互动管理，弥补平时走访时间不够的不足。没有扎实的走访、帮扶，线上互动就显得格外困难。我们明白，线下维护是里，线上互动是表，要表里合一，以里为主。

七、学会打扮，服务点赋能要加快

虽然我们的服务点不是"三分生，七分扮"，讲究的是服务，是实效，但从扩大影响的角度来看，丰富服务点内容，美化服务点外观，做好赋能，是非常急迫的事情，我们要抓紧、要抓好。

比如有站长反映，自从有了一个小小的血压仪，来服务点坐坐的村民就多起来了。虽然很多村民家里都有血压仪，但到服务点来量血压，大家可以聊聊天，交流一下养生经验等，站长与村民的关系就亲近起来了。

八、一分部署，九分落实才能成

无论是支行层面，还是团队层面，都要讲落实，讲执行力。说一千，道一万，行动第一，想法第二，要用结果来检验过程。支行层面就是要崇尚实干、狠抓落实。2014年10月10日至11日，全国党委秘书长会议在京召开，会前，习近平总书记做出重要批示，他指出，如果不沉下心来抓落实，再好的目标，再好的蓝图，也只是镜中花、水中月。

支行层面要通过细节管理，让每个员工、每个团队用"日积跬步，以至千里"的心态去做事。制定的计划要有全年的，要有每月的，也要有每周的。通过目标切分、计划分解，消除目标"恐高症"，增强员工工作信心。抓部署，抓落实，要敢于较真，敢于得罪人，在员工增加了收入，支行得到了发展之后，谁好谁坏，自有评说。

第二节　支行落地实施

一、支行的思想统一

要让支行心甘情愿地将计划落地实施，首先要解决支行的思想统一问题，主要是解决好两个矛盾，抓好两大机遇。

（一）两个矛盾

一是"大与小"的矛盾。农村市场一直由农村商业银行、邮储银行等同业机构占领，农村商业银行和邮储银行的机构网点几乎覆盖每个乡镇，且由于多年的发展，农村商业银行与邮储银行在村民心中的地位已经奠定，较难被撼动。而其他中小银行由于发展模式、发展历程、服务对象等原因，在农村的根基不深，村民也普遍不认可。更重要的是，很多中小银行的分支行行长做惯了大业务，很少办理农村的小业务。

二是"长与短"的矛盾。下沉农村，通过农村普惠金融服务点的服务实现基础客户数量的增长，是一个需要长期坚持效果才会逐步显现的过程，而中小银行对经营机构及基层经营管理者短期考核的要求，导致支行要在短期收益与长期收益之间进行权衡。

（二）两大机遇

一是乡村振兴战略赋予中小银行履行普惠金融责任的职责。2021年初印发的《中共中央　国务院关于全面推进乡村振兴加快农业农村现代化的意见》鼓励各类金融机构，以市场化方式，创新开发专属金融产品支持新型农业经营主体和农村新产业、新业态。中国人民银行的相关政策明确规定，一个行政村内允许不超过3个农村普惠金融服务点的设立（实际执行过程中各地会有所区别），这给其他中小银行在农村商业银行、邮储银行设立服务点的基础上增加服务点留出了空间。

二是村民日益增长的"金融＋非金融"服务需求给中小银行铺设农村普惠金融服务点带来了机遇。目前很多银行的金融服务点均是通过助农设备，给当地村民提供小额取款、转账汇款、余额查询等基本服务，但是随着农村经济的不断发展，村民的理财需求、融资需求日益增加，同时，村民对足不出村就能享受"非金融"服务的需求（如金融知识普及、快递服务、农业知识获取等）也日益增加，中小银行灵活机动、快速响应的机制，让它们能够通过服务点快速满足村民的各种需求。

二、支行的落地实施

（一）争取县乡政府支持

争取当地党委及政府的支持，是支行推进服务点建设最重要的工作之一。

一是中小银行主动下沉农村、服务农村客户是积极响应乡村振兴战略的具体表现，这项任务与各级政府的使命是一致的，因此，与政府部门签订战略合作协议的可行性很大。

二是有了县级政府部门的支持，服务点建设工作能够快速获得乡镇、村民委员会的响应和支持，也能够快速获得村民的认可。

三是随着支行农村工作的逐步深入，难免会产生一些不和谐的声音，这就需要政府部门作为坚强后盾，即依靠当地政府创造一个良好的环境，恳请监管部门支持中小银行的乡村振兴工作。

（二）进村先遣图

首先，以支行为单位，结合县域地图，以县域支行为中心，逐级向外画圆，将县域内的村庄按位置划分出不同层级；其次，再综合考虑支行员工的人脉情况，依据地图分层、各村具体信息，进行梳理分析；最后，再画出先遣图，进行挂图作战。支行人员根据先遣图认领熟悉的村庄，并组成2人小组按照预定计划进村展业。（见图5-2、图5-3）

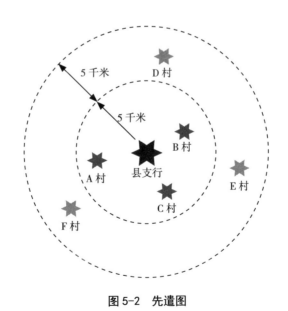

图5-2　先遣图

村名	A村	B村	C村	……
人口数				
距离				
特色产业				
关系人				
认领人				
进村时间计划				

图5-3　先遣图具体框架

（三）打造第一个开业的农村普惠金融服务点

有了政府和监管部门的支持，在总行和分行的指导下，支行要以站点开业为服务起点，快速打造第一个开业的农村普惠金融服务点，让总行和分行的计划落地见效，让支行的全体员工能够真真切切地了解服务点建设的全流程。

【案例】

第一个站点开业

浙江稠州商业银行某支行多次召开中层会议，想方设法实现第一个服务点的开业。对于全行第一个在尖山镇林庄村落地的农村普惠金融服务点——尖山林庄银行卡助农服务点，该支行要求全体员工共同参与开业的各项筹备工作，并进行全流程跟进。这样的做法使支行全体员工对服务点建设的认识更加具体，为下一步支行的发展打好了基础（见图5-4）。

图5-4　助农服务点开业

三、团队的管理与调度

（一）支行长带头当表率

起步阶段，支行核心管理层需要做好带头冲锋的表率，确保整个项目起好步、开好局。这个过程中，支行长的重视起到了关键作用，坚定了每一位带头人不应付、做出成绩的决心。

（二）全员行动氛围调动

在支行核心管理层的示范和带领下，第一批服务点育成后，按既有的做法在客户经理层面进行推广，建立"破0"督导机制（支行破0、团队破0、每个员工破0，目标逐层传递），形成全员建设服务点的氛围，同时构建团队协作机制，每个团队都应有序支持部门内的服务点建设工作。

（三）作战地图上墙

在支行推进服务点建设过程中，为引起支行全体员工的高度重视，充分调动其工作积极性，必须在支行的醒目位置悬挂或张贴支行作战地图及农村开发进度表。结合支行村域开发情况，通过直观的图形或表格呈现工作情况，可让员工掌握服务点开发进度，查找覆盖遗漏之处，明确下一步方向，从而尽快实现对所在区域的全覆盖。

四、站长的管理

对支行来说，管理站长比管理客户经理更加困难，因为每一位站长都是非常独立和颇具个性的个体。管理站长的主要目的是让站长在服务点工作时能做到"在思想上认同，在能力上提升，在行动上高效"。

（一）思想管理

要想尽各种办法让站长认同服务点的工作理念。一是支行要时刻关注站长的心态变化，公平、公正、耐心地解决站长提出来的任何问题，消除任何可能影响站长的负面情绪；二是及时发现站长自身特点并将其与站点发展有机结合，帮助他们做推广、做服务，使他们得到村民认同；三是与客户经理结对，客户经理24小时在线沟通和解答站长提出的问题，并肯定、鼓励和引导站长。一般来说，勤快细心的客户经理往往能把站长带领得相对优秀一些。

（二）能力管理

要分层分类对站长进行能力提升：一是要制定完善的荣誉

激励机制，要对优秀的站长进行精神激励和物质奖励；二是要根据服务情况、业绩达标情况等，对全辖区内服务点进行星级划分和评定，营造"以优秀带领优秀"的比学赶超氛围；三是要将站长的能力提升分为"起步、信心稳定、自我管理"3个阶段，从知识积累、能力提升、服务技巧等方面进行分阶段培养，达到全面进步的目的。

（三）日常行为管理

日常行为管理包括对服务点的服务环境、服务设备、服务用语、服务规范等方面的管理，也包括对站长日常服务的业务规范、业务技能等内容的管理。

（四）一站一策

"一站一策"是指以农村普惠金融服务点为主体，制定标准化的服务和业务增长策略，站长据此形成明确的业务发展思路，有条理地开展服务，使服务点发展目标清晰、过程可控、结果明确。

（五）风险管理

风险管理的好坏决定了中小银行的农村普惠金融服务点是否能够长远发展。服务点面临的主要风险包括道德风险、操作风险、声誉风险、持续经营风险等，支行应通过"线上＋线下"的风险监督机制，采取"巡查暗访＋监督机制＋数据管理＋影像管理"的交叉风险控制措施（见表5-1），将服务点的潜在风险扼杀在摇篮中。

表 5-1 "线上＋线下"的风险监督机制

来源	措施	具体内容
线下	巡查暗访	巡查工具
		巡查要求
		巡查范围
		暗访
		查看
		记录
	监督机制	整体权益
		互督互查
		隐秘举报
		奖惩分明
线上	数据管理	实名账户筛选
		每周查看账户
		交易录入对账
		风险词句捕捉
	影像管理	网络监控
		24 小时录像
		监控上传
		离线当日处理
		每月调阅

第六章
农村普惠金融服务点的营销载体

本章核心内容：金融机构通过农村普惠金融服务点，基于乡村振兴卡、收单业务、商圈建设、线上商城、直播平台、医疗服务共同体等载体，向农村金融需求主体（包括农户、种植养殖经营户、个体工商户、农村专业经济合作组织、农业产业化企业等）提供包括存款、贷款、结算、保险等在内的多种金融服务及其他非金融服务，以实现双方受益。

第一节　乡村振兴卡

中国人民银行等 5 部门联合印发的《关于金融服务乡村振兴的指导意见》，要求在农村地区有效普及数字普惠金融服务和移动支付等新兴支付方式，持续改善农村支付服务环境。乡村振兴卡是中国银联联合各商业银行，面向农村地区用户发行的，用于农业生产生活等场景的银行卡，其能满足农村地区用户的现金存取、转账结算、消费、理财等金融需求。

在移动互联网、物联网、大数据、云计算和 AI 时代，金融助农得到了强有力的技术支撑。现如今，在农村地区大密度铺设物理网点时，成本高、管理难是金融机构必须面对的两大问题，因此是否有必要铺设网点还需反复斟酌。但通过农村普惠金融服务点这个媒介，以乡村振兴卡为载体，在传统支付功能基础上拓展其他功能，同样可以高效便利地满足农村用户的基本需求。

乡村振兴卡与传统银行卡的区别在于，它更强调与移动支付业务相结合，并与云闪付 APP 进行了深度融合。持卡人可通过云闪付 APP 上的乡村振兴卡主题专区，便捷享受绑卡、申贷等综合服务。乡村振兴卡为农村用户提供了安全、便利、高效、实惠、普惠的支付金融服务。

银联发行的乡村振兴卡包含的权益主要有：

第一，免费涉农意外保险。乡村振兴卡持卡人可在银联云闪付 APP 领取免费涉农意外保险权益，具体包含涉农人员人身意外伤害保险、涉农人员意外医疗保险和涉农人员住院医疗补贴等保险服务。

第二，免费法律咨询。乡村振兴卡持卡人在权益服务期内可免费无限次享受家庭律师法律咨询服务。

第三，免费医疗权益。乡村振兴卡持卡人可在银联云闪付 APP 领取免费医疗咨询权益，可免费无限次享受电话咨询服务和专人医疗在线图文咨询服务。电话咨询方便了不会使用智能手机的老年客户或想快速得到医生帮助的客户；通过在线图文咨询，客户可以向专科医生进行更加详细的咨询，图文咨询支持照片及病历报告图片上传。

第四，免费农技咨询服务。乡村振兴卡持卡人在权益服务期内可免费享受农技咨询服务，银行将邀请专家不定期开展农技指导培训。

第五，借记卡多种费用减免优惠。乡村振兴卡持卡人的开卡工本费、卡片年费、微信／短信动账提醒服务费、小额账户管理费、ATM 跨区域或跨行取款手续费、电子渠道转账手续费等各项费用均可减免。

第六，具备特色理财功能。乡村振兴卡持卡人可参与银行客户综合权益计划，办理包含投资、刷卡消费等在内的多项业务。

第七，与云闪付深度融合。乡村振兴卡持卡人同步享受线上线下各类优惠。

银行通过乡村振兴卡针对农村居民实际需求，提供了一系列综合支付服务，有效地促进了农村生产生活方式的改变，为农村居民创造了更多增收机会。

此外，银行可以积极运用大数据、区块链等技术，结合乡村振兴卡，提高对涉农信贷风险的识别、监控、预警和处置水平，创新性地打造农村经营主体信用评价模式。针对融资需求者，在线上主动挖掘相关数据，从而主动获取融资需求者的信用状况。在城市，大数据挖掘信用数据这一措施实施效果较好；而在农村，通过乡村振兴卡积累了大量数据，让其成为一个很好的载体。这张卡肩负的一项重要基础性科技任务就是充分发挥银联和银行的数据优势，将农产品销售数据、消费支付数据等转换为授信依据，为银行在农村地区的信贷决策提供参考。乡村振兴卡的使用，可以让农村居民的每一笔持卡交易都成为自身信用累积的"砖石"，促进涉农主体信用档案的完善，推动商业银行创建针对信贷投放的长效机制，公平、精准、有效地开展涉农主体授信，为涉农企业和农村居民融资纾困。

【案例】

优化支付结算，改善支付环境

日前，由华商传媒集团旗下华商报—二三里资讯联合举办的2022年第八届商洛市民最满意银行评选活动已经启动，今年将继续对商洛区域8家银行单位进行民意评定，通过银行形象展示、综合评选等多个环节，最终评选出商洛市民最满意银行。

12月8日，华商报—二三里资讯记者走进了长安银行商洛商州区分行，银行内整洁明亮，服务设施齐全，工作人员热情敬业……作为适老化服务网点，银行在大厅内放置了一本手绘版操作服务指南，以帮助老年人更好地在手机上进行操作。

长安银行商洛商州区支行位于商州区名人街东段，业务产品种类丰富，公司金融、小微企业金融、个人金融等业务协同发展。长安银行商洛商州区支行以改革创新为动力，主动融入地方经济发展大局，在促进实体经济发展、助力乡村振兴、服务中小微企业等领域有力地提供了金融支持，同时有力地助推了市、区重点项目建设和实体经济发展，荣获"2021年度商州区金融工作先进集体"称号。

前来咨询惠农支付业务的张先生（见图6-1）告诉记者："在他们下乡宣传的时候，我就听说长安银行有乡村振兴卡，农村户口居民办卡有许多福利，免去了办理银行卡的手续费，我今天也想来办一张。"他说，乡村振兴卡里的理财产品存期灵活、收益稳定，把钱存在卡里他非常放心。

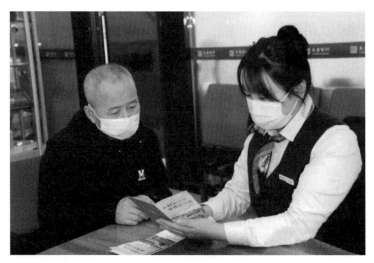

图6-1　银行工作人员给客户介绍相关业务

据长安银行商洛商州区支行大堂经理房霄介绍，乡村振兴卡是为农村客户量身定制的借记卡产品，农村客户可以在长安银行有惠农业务的营业网点申请办理，也可以在长安银行各惠农支付服务点登记后集中办理。长安银行惠农支付业务是以在农村开设惠农支付服务点的方式，采取"银行＋电商＋农户"三方合作的模式开展。业务覆盖全省60多个县区，造福1200多个行政村，服务26万农村村民。目前长安银行已在陕西省开设惠农支付服务点1600余个，商州区已开设34个，正在逐渐形成规模。

"我们的惠农支付服务点都会定期举办各种金融宣传活动，银行工作人员会对村民进行金融产品及金融知识的介绍，其中包括大小财神、信用卡、长乐贷等金融业务的互动宣传，并穿插进行反电信诈骗、反洗钱、反假币、防范非法集资等金融知识宣传，"房霄说，"去年惠农支付服务点举行的'迎新春·送春联''吃瓜节''象棋争霸'等特色活动，深受客户的欢迎与喜爱。"

不忘惠农初心，践行普惠金融。房霄表示，接下来长安银行商洛商州区支行将不断提高普惠金融服务水平，深耕农村普惠金融市场，以更高的标准书写金融服务"三农"新篇章，为农村客户提供更好的金融服务。

2022年12月13日华商报—二三里资讯记者 程娟

第二节　收单业务与商圈建设

近年来，依托收单业务，各大城市的商业银行都致力于拓宽特色商圈适用范围，打造"客户＋商户＋银行"的O2O生态圈，并在进一步丰富电子支付渠道的同时，通过搭建金融消费场景走出一条转型发展之路。

在农村地区，其他中小银行网点与农村商业银行等机构相比处于劣势，但其他中小银行可以充分发挥农村普惠金融服务点的网络优势，并依托服务点形成"一村一站一圈"模式，即"一个村建成一个农村普惠金融服务点，一个农村普惠金融服务点建成一个助农商圈"。银行通过"站点＋场景＋客群"的三位一体模式，持续培育与农村居民生活、生产相关的金融生态，形成农村地区"金融＋生活"的零售生态场景。同时，银行（服务点站长）、商户、消费者三方共同搭建商圈联盟平台，推动商圈联盟良性互动，三方共建商业模式的益处不言而喻。

对农村地区助农商圈内的商户而言，一是商户使用银行的聚合支付产品（二维码、POS机具）可将资金归集到商户开立的银行账户上，结算渠道畅通，且方便快捷；二是银行基于商户流水，对商户以信用方式授信（随借随还），且利率与非商圈内商户相比可适当降低；三是银行将商圈内的商户定为特约商户，这有利于提升商户的信誉、形象和影响力；四是商户与银行合作，规定持有合作银行银行卡的消费者，可领取优惠券、代金券等，同时商圈内的所有商户也可联合开展促销活动，多方合作让利于消费者，这有利于所在地区周边商圈内的商户扩大销售范围，提升经营效益。部分农村普惠金融服务点本身即商户，既为农村地区的商户和居民提供服务，也能获取红利，即两方都能得利。

对银行与农村普惠金融服务点站长而言，一是吸引商户到银行开立账户，归集商户资金，增加银行的结算存款；二是通过商圈打造，批量获取服务点周边的商户，扩大基础客户群体；三是当商户资金周转困难需要用款时，即可申请随借随还的贷款，这有利于银行拓宽业务渠道；四是银行与商户共同开展联合营销活动，可促进商圈辐射范围内的村民开立银行账户，从而吸收存款。

对农村地区的村民（消费者）而言，一是使用银行的乡村振兴卡十分方便，如使用信用卡还可以享受分期付款；二是通过满减送等优惠活动，得到消费实惠。如此，以服务点为圆心的本地商圈中参与的商户、消费者越多，让利、促销的数量和金额就越大，从而形成商户、银行（服务点站长）、消费者三方的良性循环，则服务点助农商圈的优势就越发彰显。

服务点助农商圈可依靠站长在当地的影响力和人脉进行拓展，按照商圈种类大致可以将其分为以下几类。

一、综合服务商圈

此类商圈中的商户，以农村普惠金融服务点为圆心，覆盖所在村5千米以内的餐饮、医疗、零售、教育、交通、景区等行业，即围绕农村居民衣、食、住、行等方面需求，实现各行业商户全覆盖。

助农商圈改变了过去银行与收单商户黏性不强的情况，促使银行与商户建立起"合伙人"机制。商户主动引导客户使用银行二维码，而银行可根据新增业务量给予商户一定的奖励报酬。同时，商圈内不同类型的商户还可以进行客户潜在需求挖掘，实现互相引流。如在银行的商城中建立本地助农商圈后，所有"合伙人"商户都可加入。本地商圈板块具有便民信息发布、商户信息发布、客户需求发布功能，能自动撮合交易，客户可轻松购买到相关产品。通过积分消费为商户引流，增加商户客流量，即银行所有客户的积分均能用于在该行"合伙人"商户购物消费。另外，对于为银行转介、营销其他产品的商户（服务点站长）给予奖励。

综合服务商圈覆盖和惠及的商户与客户的范围广、活动影响力大，对于中小银行及其农村普惠金融服务点在当地快速建立口碑有很大的好处。

二、专业型服务商圈

在农村地区，一般同类的商户都集中在一个特定的区域，他们对金融服务的需求和认知也类似。贴近客户的农村普惠金融服务点对当地客户也比较熟悉，风险洞察成本相对较低，开展精准营销也更容易。以个体户、专业市场、健康医养城、药店和菜市场为切入点打造专业型服务商圈，增加二维码及收银机具的布放，全力拓展线上收单业务，有利于资金流、信息流的高效协同。例如，菜市场（农贸市场）商户众多，人流量大，且客户分布都比较集中且距离较近，客户消费频次高，商户用款习惯接近，是农村普惠金融服务点开拓专业型服务商圈的上佳选择。

【案例】

如何打造菜市场商圈

菜市场商圈，即菜场及农贸市场周边由 10 户及以上活跃商户组成的商圈，所有商户距离菜场中心位置不超过 1 千米（活跃商户一般是指 1 个月有 18 天及以上满足日累计交易额在 100 元及以上的商户）。

第一步：建立初始商圈。

对于有市场方监管的菜场（或农贸市场）商圈，前期可与市场方进行沟通，充分讲解银行目前的商圈活动，描述活动优惠，告知市场方此类活动可以刺激消费，带动市场产品销量的增长，从而争取其支持与协助；对于无市场方监管的菜场（或农贸市场）商圈，建议选择商户空闲的时间点上门营销，可通过办码牌送小礼品的形式，结合聚合码一码通用、资料齐全当天即可做出码牌、新入网商户 0 费率、首次绑定微信获 10 元立减金、满 20 元随机立减 5—15 元等优惠，对于意向客户做到当天开卡、当天办理，着重体现时效性，为客户提供高效率的服务。

新客户引流。每日选取商圈人流量较大的时间段，前往商圈进行新客户营销，通过"用××银行卡买××，可以享受满减，每个月都能省下五六十块钱"等，让消费者知道当场开卡可当即享受优惠。

价值户营销。结合银行现行优惠政策及储蓄理财产品政策，告知个人客户若在留存时间内其账户存款达到一定金额，可获取每月10万元收款免费额度。此外，新开户客户首月免费政策，即给客户提供了存款沉淀缓冲期，便于客户在首月过后成为银行的价值客户。

存量商户筛选。通过移动支付系统内的商户地址，对满足地理位置条件的存量商户进行罗列筛选，筛选出可组成初始商圈的商户（或可加入已建立的初始商圈），逐步扩大初始商圈，同时提升商圈质量。

第二步：维护商圈。

系统维护。存量商户申请加入商圈，须及时上报并在相应移动支付管理平台中进行维护，商圈类型和商圈名称要输入正确，确保商户能自动匹配商圈满减活动。

商户筛选。银行后台要定期下发商圈通报，对于商圈内交易量低的商户，可将其剔除出商圈（可设定有效商圈需同时满足拥有20户及以上活跃商户和活跃商户占比在50%以上两个条件），因为交易量低的商户会影响商圈活跃商户占比。

专人负责。每个商圈均设有商圈负责人，由商圈负责人与农村普惠金融服务点站长做好对接工作，统一管理团队及维护商圈商户。

线上线下宣传。在网点或商户处放置活动海报、易拉宝等进行宣传，同时在朋友圈等线上渠道宣传，扩大活动知名度和影响力，还可以配合存款理财、一元购等产品和活动开展营销（见图6-2）。

图 6-2　线下宣传

三、助农个性化商圈

农村种植养殖业有很强的季节性，因此农户的资金交易也呈现出很明显的季节性特点，而以往银行的各类产品以普适性为主，造成了农户季节性收款难和融资难等问题。

中小银行在农村地区布局普惠金融服务点后，较容易实现对当地农业种植养殖情况、农产品种类、农资需求、产品销售款回笼情况等数据的收集和分析。根据当地实际情况，由服务点站长协助，建立具有当地农业特色的个性化商圈，如茶叶商圈、青蟹商圈、西瓜商圈、杨梅商圈、枇杷商圈、葡萄商圈等助农商圈。一是通过收单业务及优惠政策，解决农户季节性收款难题，同时加速银行的结算资金回流；二是通过银行的销售平台，促进产品销售，帮助农户解决销售难问题；三是基于大数据，创新设计有针对性的贷款产品，保证风险可控，收益可观。

【案例】

一片叶子托起致富梦

浙江安吉基于一片叶子——白茶，经过 40 余年的发展，走出了一条"规范化茶园管理、品质化生产加工、一体化品牌推广和多元化市场营销"的发展道路，效益连年稳步增长，逐渐富裕了一方百姓。截至 2019 年底，安吉县白茶种植面积达到 17 万亩，产量、产值分别达到 1830 吨、26.92 亿元。

安吉白茶一年只采一季，每到采摘季，全县为保障采茶劳动力和茶叶流通渠道，都会花费较大的精力。浙江稠州商业银行在了解到茶农的需求后深知只有以产业带动当地发展，积极推动种植、采摘、初加工及茶类衍生品生产、茶旅融合，才能更有效地推动茶农增收。银行主动与安吉县山头村服务点联系，以服务点为圆心，为 1.5 千米范围内的茶商建立专属商圈，就原叶收购、营销计划、宣传推广等方面制定金融服务的配套方案，同时每周制定走访计划，对准备走访的客户均事先进行调研，针对客户需求点介绍金融服务配套方案，精准营销。最后由站长协助宣传，帮助拓展附近客户。该商圈商户总数达19 户，活跃商户数为 19 户，成立之初月均交易量达 300 余万元。

第三节　线上商城

近年来，互联网的发展为农村开辟了巨大的新发展空间，电商助农也成为农村的新希望，农产品的网络销售额屡创新高。对于中小银行而言，立足农村普惠金融服务点，结合助农商圈的建设，建立小型垂直电商平台，可以说是顺势而为。

传统农货销售模式中，农产品需经过经纪人、多级批发商和零售商等才能到达消费者手中。因为交易环节众多，容易造成信息不对称情况，再加上农村地区普遍存在电商能力弱、农产品标准化程度低等问题，导致产品滞销、售价不合理等。为了解决这些问题，中小银行依靠较强的科技能力，打造线上商城，从而简化中间环节，大大降低农产品的流通成本和消费者的购买成本，为农村带去新的商机。同时，银行还可以以产业化的思维，带动农村地区改造经济生态，帮助农民提高产品品质，打造特色农业品牌。农民培育农产品，农村普惠金融服务点报送本地产品信息，银行的商城团队筛选产品，为产品的包装和品牌提出优化建议，让这些物美价廉的产品依靠其线上商城平台和物流走进城市的千家万户，形成从土地到餐桌、从农村客户到城市客户的需求闭环。

具有助农特色的线上商城中的商品和服务主要根据各农村普惠金融服务点的当地特色提供，商城平台再根据客户的地址定位，显示商品信息。同时，发挥本地产业链的优势，以特色电商平台为突破口实现小平台、大数据的商圈设想，即通过搭建垂直电商平台来获取当地商户和居民的消费数据，为商户和居民提供更好的金融服务。

【案例】

第一书记"带您去赶圩"

近年来，桂林银行积极响应国家乡村振兴战略，推动服务、产品和渠道下沉，构建"县域支行＋乡镇小微支行＋农村普惠金融服务点"的农村金融服务网络。通过该网络，村民在自家门口就可享受小额取款、转账汇款、账户查询等综合服务。桂林银行还与农业龙头企业合作，依托自身成熟的社区银行体系和"小能人"电商平台，推动农资、农技下乡，帮助村民打开农产品销售渠道；开展金融知识普及、电影下乡、义诊、农技比赛等活动，拓展服务外延。

桂林银行桂林分行联合桂林各县（市、区）的多位驻村第一书记，开展"第一书记'带您去赶圩'"线上团购活动，助力桂林特色农产品销售。

活动中，第一书记通过桂林银行"天天开心团"线上平台推荐和销售当地特色农产品，并拍摄短视频进行宣传。短短8天时间，成交团购订单近万笔，将数十种桂林特色农产品卖到了全国各地，累计销售会仙板鸭、荔浦芋头、阳朔金橘、灌阳红薯粉等特色农产品上万斤。

桂林银行依托线上助农销售的小程序，以及该行在广西的 4000多个农村普惠金融服务点推荐的当地农产品，受到广大客户好评，截至 2021 年底已累计销售农产品 40 多万斤（见图 6-3）。

图 6-3　"天天开心团"小程序页面

第四节 直播营销

不同于传统平台的图文形式，直播营销以直播平台为载体，以实时呈现现场事件发生过程的方式，更加直观立体地实现了客户与品牌方的强力交互，完成了产品的传播和信息的有效传达。现今，直播营销已逐渐成为网络营销模式中的重要形式。

在当下直播营销的"风口"，银行业应结合自身特点，为提高直播的趣味性、有效性、安全性，加强业务创新，多角度发力，探索多种直播营销模式，实现多样化互动、真实性展示和高效性传播。

直播营销模式迄今经历了 3 个发展阶段，具体如表 6-1 所示。

表 6-1 直播营销模式的发展阶段

发展阶段	主流模式	关键点
萌芽期	店铺直播模式、秒杀模式、达人模式	主播个人影响力及背后捆绑资源的直接变现
发展期	国外代购模式、基地走播模式、产地直播模式、砍价模式及博彩模式	注重场景下沉，或者打破固定场景，甚至再造场景，个人的影响力日渐式微时，通过直播方式营造全新的、虚拟式的购物氛围
爆发期	短视频模式、定制化模式	主播根据粉丝需求，采用定制的方式反向催变上游生产商，用自有货物、粉丝定制款、限量款等手段进一步革新"生产—仓储—物流—销售"商业链条，使主播向用户的售卖更加精准

【案例】

直播销售仙居杨梅

助农领域的直播带货更适合发展期或爆发期直播模式的营销逻辑。实际上，部分银行已经进行了相应的尝试。例如，2021年端午小长假期间，浙江稠州商业银行仙居农村普惠金融服务点直播卖杨梅。与其他直播不同的是，这一次，银行的员工和站长选择在杨梅山实地直播，"场景嫁接＋服务式解说＋现场下单"的直播营销模式实现了短短1小时内上千千克的成交量，有效解决了不少农户遭遇的产品滞销、资金回笼难等问题（见图6-4）。

图6-4　直播卖仙居杨梅现场

对中小银行而言，农村普惠金融服务点的铺设使得银行更加贴近农业企业本身，能进一步发掘"银行—服务点—农村产业"的联动价值，并从场景建设、单品折扣、粉丝回馈、售前售后支持等业务节点上充分形成"点对点"互动，凸显直播业务在细分市场上的比较优势，从而打通从金融端到实业端的销售通路，上述事宜最根本的落脚点还在于服务"三农"。

通过直播建立"银行—农村产业"数据私域空间，不断沉淀客户数据，这对银行线上营销和未来业务发展价值巨大。银行通过利用"农产品/特产/文创—零售/助贷业务—其他地域客群—当地农户"的独特传播链，逐步完成跨地域、跨行业的直播探索，不但能激活本地客户、拓展业务边界，还能够进一步带来流量和关注、"孵化"口碑。针对性强的信贷产品及相关金融服务与农业龙头企业、特色农产品互相背书，形成了共赢的独特传播方式。

与其他领域不同的是，"三农"领域产品在直播市场中的形态更加碎片化，区域性、地域性更强，银行如能不断下探农业产业末端、聚焦明星商户，或塑造出既懂金融业务，又懂农业产业的新型"大V"，进一步形成以新型"大V"为中心的集聚效应，就可最大限度拓展商业衍生价值和想象空间。

如此，银行将带货营销嵌入农村产业场景之中，以打开金融助力乡村产业兴旺的新空间，实现银行与农村产业共创、共赢、共发展。

【案例】

乡村振兴助农直播项目操作指引

一、初期调研

（一）产品选择

根据当地农产品产销情况，围绕服务点所在村、当地特色产业村等初选播品，并进行实地调研，考察产品当前线上销售情况，评估直播销售可行性，调研和考察的内容主要涉及市场规模与产量情况、物流支撑情况、易腐变质情况、知名度、价格区间等。

（二）初步评估

根据产地考察情况，初评直播可行性，并将评估情况逐级上报。评估维度包括异业合作意愿、选品竞争力、市场接受度及规模、宣传影响力、预估销量、服务点赋能影响力等。

二、统筹准备

（一）合作方扩展

为扩大宣传影响，争取私域流量，应视条件联系异业合作方，如政府部门、播品上下游企业、有类似需求的金融单位、信贷合作单位等，共享资源。

与第三方合作过程中应注意责任划分。对于某些农产品可能存在的退货率较高、售后纠纷等问题，提前确定银行、供应商、运营商三方职责，做好责任划分。

（二）直播日程确立

应着手制定直播计划表，按直播日倒计时推进各项工作，含供应商准备、上架准备、宣传预热、直播模式确定、物流支持等内容。

（三）平台选择

各机构应根据自身情况，选择第三方平台合作直播或者用银行自有视频号（抖音号）直播。两者在费用、工作准备重点、客户引流、宣传成效等方面会有差异，各机构应根据情况选择。

三、播前准备

（一）产地溯源

确认直播立项后，应尽快让相关人员到农产品产地考察溯源，考察内容主要包含以下几个方面。

第一，品质。实地考察农产品种植、水产品养殖情况，了解产品生长过程、是否喷洒农药、是否催熟等品质管理情况，用拍照或拍视频的方式记录相关产品细节。

第二，物流条件。重点关注售后处理与物流服务，尤其针对易腐、需保鲜和冷藏、产品差异性大的农产品，要关注产品标准化举措和物流支持条件。

第三，供应商资质。原则上，农产品直播供应商应由个人种植户、养殖户等组成，如产品需初加工后方能销售，亦可考虑选取农村合作社、村办企业等作为供应商。一方面，须按一定标准筛选供应商；另一方面，须关注产品标准化与供应商的资质，首选已有线上店铺的供应商。

第四，销售渠道。须同步考虑线上、线下销售渠道的交叉和影响情况，并评估现有渠道的影响力及线上渠道的成熟度。

第五，素材收集。直播前收集产品的产地的生态环境、生产环境、物流、品质、售后服务等方面的视频和照片。

（二）直播方案

第一，确定直播模式。直播环节涉及直播主播确定、价格制定（优惠券）、礼品采购、店铺销售平台、推广返利等，并要提前确定直播中的各项细节。

第二，费用支付。一般费用含固定运营费和销售额提成，可能还包含售后维护费、技术支持费等。

（三）预热宣传

第一，宣传预热。

文案预热。提前预告直播时间，包括在朋友圈、视频号、企业微信、公众号、手机银行等做主题预告。

短视频预热。直播前3小时发布一些短视频，供员工及合作方在朋友圈转发。

海报制作。选取吸引眼球的直播封面和直播标题，因为直播封面是决定粉丝能否进入直播间的重要因素。直播封面要清晰明了、突出主题，不要使用留白，建议选择真人与产品的合照。

第二，流量导入。提前商定外部流量引入安排，尤其是运营方的公共流量。

第三，直播用语。针对直播带货产品的作用、功能、针对方向，如归属品类、使用方式、主要针对人群等，以及直播产品的卖点，即产品特质、亮点、区别于同类产品的特性等，该如何介绍和推荐要提前做好准备。

四、直播当天

（一）人员到位

直播当天工作人员及主播要提前到岗，测试购买链接、样品、网络、设备等情况。

（二）视频预热

将前期拍摄的小视频制作成短视频，在各个渠道进行发布宣传。

（三）流程彩排

彩排涉及直播商品数量、直播主题、主播、预告文案、直播场控、直播流程（时间段）等要素。

第一，安排好整场直播带货的商品顺序，注意各商品之间的关系。

第二，规划直播流程、直播节奏，合理安排和分配各商品的讲解时间。

第三，将测品感受、产品卖点、产品信息、直播用语等内容整理好后放入直播带货台本。搞清楚这些内容，然后根据计划按各个环节的要求进行填充，就完成一份直播脚本策划方案设计。

（四）直播过程

直播过程中实时关注销售数据，适时调整礼品派发频率，重点介绍产品、返场安排、免单安排等，并做好应对突发状况的预案，如禁言恶意留言的用户等。

五、播后事项

（一）售后服务

重点关注播后的客户反馈和退换货情况，及时跟进客户处理情况，同时关注产品发货进度，尽量做好品质控制。

（二）向上汇报

收集直播过程中的内外景素材，整理合作宣传情况、产品销售情况、直播流量数据等，并制作向政府部门汇报的材料。

（三）服务点宣传

基于直播现场照片、直播数据等制作宣传材料，这是服务点赋能的重要举措，同时持续追踪村民对直播的反馈。

（四）成效评估

总结直播准备、合作模式、细节处理等工作的情况，为后续改善积累经验。

第五节　医疗服务共同体建设

医疗服务共同体（以下称"医共体"），是根据《国务院办公厅关于推进医疗联合体建设和发展的指导意见》（国办发〔2017〕32号）等文件组建的医疗合作组织。其组建的目的主要是深化基层医疗机构与省市县三级公立医院的合作，加强人才培养和专科建设，提升区域医疗卫生服务能力；建立医共体统一管理机制，引导医疗资源下沉，推进区域医疗资源配置合理高效，提高基层医疗服务能力。

在全面建成小康社会的征途中，因病致贫、因病返贫成了"绊脚石""拦路虎"。在农村，普遍存在的现象是农民有病没钱看、不愿看，讳疾忌医，小病拖大、大病致死；基层医疗资源薄弱，医护人员能力差，对于大量疾病束手无策。

习近平总书记在2020年9月22日召开的教育文化卫生体育领域专家代表座谈会上强调："要推进县域医共体建设，改善基层基础设施条件，落实乡村医生待遇，提高基层防病治病和健康管理的能力。"2021年3月6日，习近平总书记在看望参加全国政协十三届四次会议的医药卫生界、教育界委员时的讲话强调："要加大公立医疗卫生机构建设力度，推进县域医共体建设，改善基层基础设施条件，落实乡村医生待遇，提高基层防病治病和健康管理能力。"2021年2月21日，《中共中央国务院关于全面推进乡村振兴加快农业农村现代化的意见》正式发布。其中，在第四部分"大力实施乡村建设行动"第十七条提到要"加强县域紧密型医共体建设，实行医保总额预算管理"。

一、医共体概述

（一）医共体的建设目的

一是落实新时期卫生工作方针的要求。2016 年全国卫生与健康大会提出，要以基层为重点，以改革创新为动力，预防为主、中西医并重，将健康融入所有的政策，人民共建共享。二是落实分级诊疗制度要求。国家卫健委原主任马晓伟说过，分级诊疗制度实现之日，乃是我国医疗体制改革成功之时。可见，县域紧密型医共体建设是实现分级诊疗的有力抓手。

（二）医共体的建设目标

通过紧密型医共体建设，确保县域医疗卫生服务能力明显提升；医保基金得到有效利用，居民医药费用负担得到合理控制；有序就医格局（小病不出村、常见病不出乡、大病不出县）基本形成；力争县域就诊率达到 90%，县域内基层就诊率达到65%。

（三）医共体的建设方式

1. 做好分级诊疗涉及的关键问题

（1）合理布局医疗资源。

第一，以学科建设为抓手，做到区域分开，建设一批国家医疗中心和区域医疗中心。

第二，以县医院为抓手，实现城乡分开，建强县级医院，实现"大病不出县"。

第三，以病种为抓手，实现上下分开，明确各级医疗机构功能定位，引导有序就医。

第四，以支付方式改革为抓手，实现急慢分开，同时实施分级定价，分级收费，按病种付费，按床日付费。

（2）做好4项工作。

第一，创新体制机制，构建整合型医疗服务体系。

第二，提高基层医疗服务的水平，做到"县要强、乡要活、村要稳、上下联、信息通"。

第三，发展"互联网＋医疗健康"，推进远程医疗，为人民群众提供更加便利的医疗服务。

第四，发挥基层医疗机构网底的作用，做实做细家庭医生签约服务内容。

2.明确各级机构功能定位

医共体：为辖区内居民提供覆盖生命全过程、满足健康生活需要、安全有效、便捷可及的医疗卫生服务。

牵头机构：重点承担急危重症患者救治和疑难复杂疾病患者向上转诊工作，统筹管理医共体内医疗服务、公共卫生服务、医养结合服务等工作。

基层机构：提供常见病、多发病诊疗服务，为诊断明确、病情稳定的慢性病患者、康复期患者提供连续性医疗卫生服务，做好基本公共卫生服务等工作。

其他机构：按照功能定位和医共体职责分别开展业务。

3. 改革医保支付方式

医保基金：90% 预拨给医疗集团，10% 作为预留风险金。

原则：总额预算、季度预拨、结余留用、超支不补。倒逼各医疗机构主动控制不合理医疗费用、实行精细化管理，有效防控医保基金风险；倒逼各医疗机构开展健康宣教工作，提升群众健康素养，实现医、保、患利益相融。

结余资金经审核后，按照县、乡、村 5：3：2 的比例合理分配，一部分用于落实习近平总书记提出的"两个允许"，一部分用于医共体发展建设。

促进医患利益相融（以健康为导向）：

（1）改革前：保疾病，医患利益不一致。

（2）改革后：保健康，医患利益相一致。

4. 推进信息化建设

这是银行可以切入的场景。银行可以帮助医疗机构开发一套县级医疗管理系统，建立远程会诊、心电、影像、检查、检验等"六大中心"，推动基层检查、上级诊断、区域结果互认。该系统向上与城市三级医院对接，向下辐射乡镇卫生院和村卫生室，促进"互联网＋医疗健康"发展。

5. 提高县域医疗服务能力

"县强"：以专科建设为引领，提升县级医院医疗服务能力。

"乡活"：引导优质医疗资源下沉，提升基层医疗服务能力。

"村稳"：重视对全科医生及家庭签约医生的培训培养。

"融合"：强化医疗、公共卫生和中医药服务体系建设。

【案例】

县域医疗下好"一盘棋"——河南郸城县建设紧密型医共体

河南省郸城县地处黄淮平原腹地，常住人口为134万，2017年因病致贫、返贫的人口占所有贫困人口的64%。2019年以来，郸城县大力推进紧密型县域医共体建设，盘活了乡镇医疗资源，规范了民营医疗机构，提升了县域医疗能力，有效解决了老百姓看病贵、看病难的问题。

2016年1月4日，郸城县从消除体制机制障碍入手，建立了"以县级公立医院为龙头、乡镇卫生院为枢纽、民营医院为补充、村卫生室为基础"的县人民医院、中医院、第二人民医院、妇幼保健院4家机构组成的紧密型医疗健康服务集团。在集团内部，统一设置了运营管理中心、财务管理中心、医保监管中心，对人财物实行统一调配，乡镇卫生院院长由集团统一选派，财务实行报账制，药品耗材统一采购和配送，大型设备采购和基建建设均由集团统一审批，并派县级医院专家定期下乡坐诊，实现了医疗卫生工作重心下移、资源下沉，服务效能明显提升。

"通过体制的破旧立新和机制的重塑再造，将县乡村三级医疗卫生机构由过去各自为政、处于碎片化竞争关系的'一盘沙'状态，转变为现在一体化、协同化的'一盘棋'状况，成为风险同担、利益共享的'一家人'。推进优质医疗资源下沉，从而集中使用优质医疗资源，有效破解基层医疗卫生服务水平不高、能力不强的问题。"郸城县委书记罗文阁说。

该县张完乡卫生院的基础薄弱，成为集团成员单位后，集团总医院对其注入资金56万元，卫生院购置了新设备，开设了检验科、消化内科、肿瘤内科、疼痛科门诊。同时，集团定期派出各科专家到乡镇医院坐诊，并安排乡镇医生到集团总医院进行轮训、跟班学习。县乡医生联合到农村开展义诊活动，让基层群众不出家门就能享受到县级医院专家的医疗服务。卫生院副院长侯瀚翔说："我们再也不担心手术做不了了，病人留不住了，集团就是我们的坚强后盾。"

郸城县还对全县488个村级卫生室进行了高标准重建，统一规定每个卫生室长26米、宽25米，共占地约1亩，采取中西结合的建筑风格，按照统一图纸、统一科室设置、统一建设标准、统一标识、统一外观、统一管理制度的"六统一"标准建设，实行诊断室、治疗室、观察室、药房、中医治疗室、公共卫生室、医生值班室"七室分开"制度，同时对院内进行高标准绿化、硬化、美化、亮化。

郸城县卫健委主任付登霄说，实行医共体建设以来，郸城县的改革效果初步显现，患者次均花费下降了5.48%，全县基层就诊率达60.52%，县域住院就诊率达81.21%，县域内总就诊率达90.57%，基本实现"小病不出村、大病不出县"。

《人民日报》（2020年1月6日13版）

二、中小银行如何介入医共体建设

如何针对医共体开发一套系统，搭建一个体系，赋能一个行业，从而促进共同富裕，是摆在中小银行面前的挑战，同时也是机遇。

在医共体模式下，县政府组织，卫生部门牵头，以县级公立医院为单元构建了县级医疗管理体系：县级医院分包乡村级医院及所辖村级卫生室组成集团，县级医院对所属的乡镇级医院及村级卫生室的人财物实行统一管理，所辖农村人口的新农合费用划归上级县级医院统筹。县级医院为乡镇级医院和村级卫生室提供医疗资源支持。

医共体可以更好地促进县域共同富裕：医共体自收自支，政府不再承担农民医保费用与医疗费用的差额部分，节约了财政支出，可以更好地支持乡村振兴。县级以下医疗体系的重新构建和医疗水平的提升，解决了农民看病难、看病贵的问题，真正实现"小病不出村、常见病不出镇、大病不出县"，防止农民因病致贫，从而更好地服务于共同富裕。

中小银行可以帮助医共体开发农村医疗管理系统，把金融功能嵌入其中，让其与医疗融合到一起，服务医疗机构、病人、农村医保和卫生管理部门。

一是开展授信业务。以授信为切入点，银行给县级医院和乡镇医院授信，医疗机构获得的资金用于改善医疗设备和环境，银行还可以根据供应链，对医共体上下游供货商提供融资支持。比如，2020年11月，郸城县人民政府与中原银行周口分行签订了战略合作协议，签约后中原银行周口分行将向县医共体成员单位提供不低于2亿元的金融支持，助推全县医疗卫生事业高质量发展。

二是开发医共体管理信息系统。通过系统对所有参与方的信息进行管理，确保数据真实有效，从而利于资金监管，方便老百姓就医。通过系统可实时了解费用支付情况，提升政府、医院等各方效率。

三是开立账户和提供结算业务。银行融入医疗，可通过提供存贷汇全方位支持，为县级医疗行业赋能。医院和医生到合作银行开户，农民将医保卡账户换成合作银行的账户，所有支付结算环节可以在合作银行内完成。特别是农民医保卡的开通，可以为中小银行融入县域经济、融入农村居民起到非常重要的作用。

四是发挥服务点作用。中小银行可以依托遍布在各村居的服务点，利用服务点扎根村居的地理优势，不断提升影响力。一方面，当建设的服务点具有一定规模，在所在县域村居有一定覆盖率后，中小银行在竞标项目时，如监管账户、医保卡账户结算或是授信业务，都将有一定优势。原因在于服务点可以和医共体机构进行深度融合，以站点为载体，借助站长在村居的公信力，大大加快医共体在村居的普及推广。另一方面，银行与医疗机构合作后，将提升服务点在村居的公信力，站点可以协助本村村民进行医保卡开卡，并以此为切入点，为村民陆续提供农户贷、定制化存款和理财等多项金融服务。

【案例】

中原银行周口分行：履行社会责任　助力医共体发展

郸城县积极探索"以县级医院为龙头，乡镇卫生院为枢纽，村卫生室为基础"的县乡一体化管理模式，并与城乡一体化有效衔接，充分发挥县级医院的城乡纽带作用和县域龙头作用，形成县、乡、村医疗卫生机构分工协作机制，构建县、乡、村三级联动的县域医疗服务体系。

在中原银行总行健康医疗事业部的牵头下，周口分行积极介入、全力配合，借助授信杠杆，通过开立医疗集团、县医院、卫生院医保专用回款账户，实现县域甚至设区市医保资金闭环运行。分行通过交易银行产品、覆盖医共体上下游小微企业，助力小微"两增"目标实现。分行通过工资代发，结合惠农网点建设，为当地医护人员、基层百姓提供个人授信、信用卡办理、定制化理财、VIP客户权益等一站式金融服务，完成该行的普惠金融使命。分行借助医共体模式，丰富基层百姓、基层医疗机构、小微企业、医保资金等的相关数据，为未来数字化转型提供基层数据支撑。其间，中原银行总行健康医疗事业部一行人专程前往周口，与周口市卫健委主任金玉贞、郸城县县长李全林、主管卫生工作的副县长肖炜及郸城县4个医共体的牵头院长就郸城县医共体发展进行专项洽谈，以期全面助力县域医共体发展。

中原银行为郸城县医共体的发展贡献了力量，让广大客户更加了解中原银行，并通过落实"中原人自己的银行"使命，促使其品牌扎根基层土壤。

《河南经济报》记者 郑浩 通讯员 王志华

第七章 农村普惠金融服务点营销活动管理

本章核心内容：农村普惠金融服务点通常会经历 3 个成长阶段，银行要根据其所处阶段的不同特点，引导站长做好营销活动和管理工作，即通过标准化的营销策略，依照一套高效的业务提升实战技巧，使服务点的站长依据明确的业务发展思路，有条理地开展业务，促进农村普惠金融服务点目标清晰、过程可控、结果可期。

第一节　服务点成长的三大阶段

根据对农村普惠金融服务点成长数据的统计和分析，以及对全国优秀站长情况的总结，银行以服务点为主体，根据服务点不同成长阶段，制定标准化的营销策略，并依照一套高效的业务提升实战技巧，使服务点的站长依据明确的业务发展思路，有条理地开展业务，即使农村普惠金融服务点目标清晰、过程可控、结果明确。农村普惠金融服务点通常会经历以下 3 个成长阶段。

一、起步阶段

（一）持续时间

一般从与服务点站长签约开始，到累计运营 1 个月左右。

（二）阶段目标

（1）签约 30 天内达到"30 张卡＋100 万元"的开业目标。

（2）站长初步了解服务点运作模式、银行产品知识、服务营销基本操作流程。

（三）达成方式

（1）新增 30 张卡：通过每周固化的多场次活动实现。

（2）沉淀资金 100 万元：主要包括服务点周转金、站长及其他人员。

（3）站长能力育成：站长参与多场次营销活动，并参加至少 2 场次培训。

二、信心稳定阶段

（一）持续时间

一般从服务点正式开业开始，到累计运营 3 个月左右。

（二）阶段目标

（1）所在村客户的开卡覆盖率达 50%。

（2）沉淀资金余额达 300 万—500 万元。

（3）站长熟悉银行产品知识和营销服务流程，能独立开展各项营销活动。

（三）达成方式

（1）开卡覆盖率：通过站长主动上门营销、固化的多场次营销活动、商户导流来实现。

（2）新增存款：通过基础客户营销实现。

三、自我管理阶段

（一）持续时间

一般在信心稳定阶段目标实现后 3—6 个月。

（二）阶段目标

（1）所在村客户的开卡覆盖率达70%。

（2）沉淀资金余额达500万元以上。

（三）达成方式

（1）开卡覆盖率：通过站长主动上门营销、固化的多场次营销活动、商户导流实现。

（2）新增存款：通过基础客户营销、大户营销、外围营销、代发客户营销、产业链营销实现。

经过3个阶段的发展，站长自我驱动力、事业心基本被激发，能掌握银行产品知识和营销、服务等技巧，站点运营能力显著提升。服务点业绩趋于稳定后，即进入成熟发展期（见图7-1）。

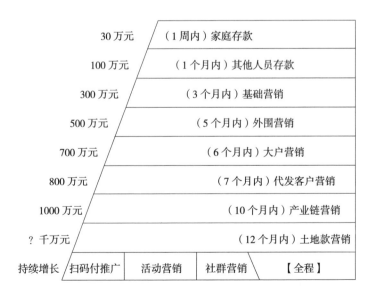

图7-1　处于不同成长阶段的服务点的营销方式

第二节　起步阶段的 30 天育成

与服务点站长签约后，银行方面应在 3 天内与其联系，确保第一周内至少与其共同开展 1 场营销活动，30 天内至少开展 2 场营销活动，力争 3 场。银行可根据时间安排与所在村的具体情况决定营销活动的内容和形式。对起步阶段的营销活动，银行要针对活动方案策划、活动邀约、活动落地及活动追踪等独立环节，对站长做好一对一辅导。

通常这个阶段新增的沉淀资金主要来源于服务点站长的家庭存款及其他个人的存款。

1. 家庭存款转入

站长签约后办理主卡，随即存入 5 万元周转金，1 周之内将自己的家庭存款转入站点所属银行的银行卡内（可在家庭成员多张卡上）。数据显示，全国优秀站长个人转入服务点的存款均在 30 万元左右。站长把存款转入站点名下，比存入其他银行有更高的实际收益（正常存款利息不少，再加上存款计入个人业绩的收益）。

2. 以身边资源为起步

村里的亲缘和地缘关系紧密，站长通过亲朋邻居等的支持，轻松迈出第一步营销门槛，实现第一批次客户积累，这批客户也将带动其他村民，成为站长服务和营销的宣传人、代言者。

以上的所有活动，银行人员都必须与站长沟通，让站长清楚三方职责、活动要求、活动目的等，并亲自参与，从实践中体验和学习如何开展营销活动。银行经办支行和合作公司一起，至少对站长开展 2 场培训，培训内容可从项目介绍（合作模式）、银行及产品介绍、服务营销技巧介绍、发展思路说明、标杆展示、风险意识强化等方面选择。

起步阶段，建议银行与合作方按照一定的标准对站长开展的营销活动提供礼品或费用支持。初期的营销活动以开立银行卡为主，夜间活动以预约开卡为主，并及时做好登记工作。

（1）个人存款的转入

站长签约后，预期从签约之日起 1 周内，实现存入 30 万元和开卡的业绩目标（见表 7-1、表 7-2）。

表 7-1　个人存款的转入情况

序号	存入时间	户名	金额 / 元	备注
1	2021-01-19	张三	50000	业务周转金
……				
汇总	卡数		总额	

表 7-2　营销办卡情况

序号	户名	办卡时间	序号	户名	办卡时间
1	张三	2017-02-04		李四	2021-03-04
2					
……			……		

（2）对身边人员的营销

在两个月内，向身边人员宣传，预期站长从签约之日起1月内，达到业绩目标100万元（见表7-2）。

【案例】

银行与合作公司制定的起步阶段 30 天育成的细化流程

银行与合作公司制定的起步阶段30天育成的细化流程情况如表7-3所示。

表7-3　细化流程情况

时间	阶段	支行	××公司	站长	目标业绩	
					卡/张	资金/万元
第一周	试营业启动	1. 准备站点试营业物料（易拉宝、宣传单页） 2. 跟进站长办理周转卡、转入周转金情况 3. 向站长讲解银行基础产品、手机银行使用方法等，并按管理办法做好培训记录	1. 协助站长办理周转卡，转入周转金 2. 指导站长布放试营业物料（条幅、宣传单页） 3. 对站长进行与银行产品相关的初步培训 4. 指导站长办理营业执照或开具村民委员会证明 5. 指导站长提交助农服务设备申请材料 6. 组建站点微信群，讲解站点微信群要求	1. 办理周转卡，并开通手机银行、网上银行 2. 将业务周转金存入业务周转卡内 3. 开始营销 4. 开始预约客户办理银行卡 5. 学习产品和基本业务知识 6. 营业执照或村民委员会证明办理完毕 7. 准备安装电信网络	10	20
		配合第一次办卡营销活动	指导第一次办卡营销活动	主导策划第一次办卡营销活动		

时间	阶段	支行	××公司	站长	目标业绩	
					卡/张	资金/万元
第二、三周	业绩提升	1.配合做好开卡工作，交叉销售，避免开空卡，开通手机银行、网上银行 2.做好服务点开卡信息的维护工作，确保服务点客户的绩效归属	1.帮助站长组建客户微信群，做好客户信息台账管理 2.指导站长开展客户办卡宣传 3.及时与所属支行进行沟通反馈	1.取得村内其他人员的支持 2.对已开卡客户持续营销，提高存入金额 3.组建微信群，做好客户信息台账管理	10	40
		配合第二次办卡营销活动	指导第二次办卡营销活动	主导策划第二次办卡营销活动		
第四、五周	标准化建设	1.做好服务点第三次开卡营销活动准备 2.与站长、××公司市场部人员保持密切联系，了解和掌握站点建设进度 3.持续做好有关产品、业务等的培训工作	1.协助站长走村入户，进行外拓宣传 2.为站点配置助农服务设备，联系广告公司制作室内外广告宣传物料 3.指导站点装修设计	1.选择相对熟悉的村民开卡，携带宣传单，走街串巷入户宣传，并赠送小礼品 2.对已开卡客户持续营销，提高存入金额 3.启动站点装修工作（柜台、护栏等）	10	40
		配合第三次办卡营销活动	指导第三次办卡营销活动	主导策划第三次办卡营销活动		

时间	阶段	支行	××公司	站长	目标业绩	
					卡/张	资金/万元
第六周	开业准备	1.预约、邀请参加开业活动的人员，及时了解站点建设进度 2.收集站长申请材料(营业执照或村民委员会证明、身份证复印件、银行卡复印件等)，并提交分行，拟向分行申请助农服务设备	1.电话跟进门头广告制作进度，了解服务点建设进度，与所属支行做好沟通 2.确认室内外广告标识是否安装完毕 3.全面培训站长，让站长了解培训设备、辅导设备的使用情况，并收取设备押金；对装修进行验收 4.宣传营销开业活动，准备开业营销礼品	1.对前期客户进行回访，重点对未用卡客户进行针对性营销 2.确认站点简单装修完毕 3.缴纳设备押金，熟悉机具设备的操作 4.宣传营销开业活动，准备开业营销礼品		
		配合开业活动准备	组织及营销开业活动	配合开业活动准备		
合计					30	100

第三节　信心稳定阶段的营销活动及管理

经历起步阶段的 30 天快速育成，站长对银行营销活动的开展有了初步的认识和实践经验，为下一步开展自主营销奠定了基础。同时，站点也已符合正式开业的标准，银行的支撑为站长持续经营提供了更加强大的信心。

在信心稳定阶段，围绕农村普惠金融服务点开业，可单独开展主题营销活动，工作重点依然是开卡。要鼓励站长开展各种形式的活动，银行方可帮助站长邀请政府有关单位的领导参加活动，提升站长在本村的号召力，增强村民对站长的信任感。开业营销活动往往能吸引众多村民参与，因此在活动设计环节要注重提升村民的参与感，这有助于实现现场批量开卡。

【案例】

趣味西瓜节　好玩乐翻天

为丰富农村地区居民的文化生活，长沙银行举办了以"瓜分快乐，清凉一夏"为主题的西瓜节活动，在盛夏，将清凉送给农村居民。西瓜节系列活动在湖南省 13 个设区市、4000 多个农村普惠金融服务点同步开展。

在服务点活动现场（见图7-2），西瓜被整齐地摆放在桌子上，分外诱人。活动一开始，进行猜重量比赛，村民轮流上前用手掂西瓜，报出估计的重量，小到四五岁的小孩，大至白发老人，个个兴致高昂，最终答案最接近的村民获得胜利，带走西瓜。

图7-2 "瓜分快乐，清凉一夏"西瓜节活动现场

正式的吃西瓜比赛的规则很简单，每组30秒内吃西瓜块数最多且吃得最干净的人获胜。随着服务点站长的一声"开始"，参赛者拿起西瓜大快朵颐，有的选手速度惊人，拿起一块西瓜就从左到右直接吃到底；有的选手不紧不慢，吃西瓜不忘吐出瓜子，更像是在享受这个过程；还有几位小朋友，也在开展着他们之间的小小较量……围观村民的加油声、呐喊声、打趣声此起彼伏，现场其乐融融（见图7-3）。

图 7-3　吃西瓜比赛现场

吃瓜比赛之余，长沙银行的员工和服务点站长向大家介绍了银行卡的开立、使用和注意事项，宣传了"银行卡不出售、不外借、不帮他人过账"等金融安全知识。同时，他们针对村民提出的问题进行了耐心细致的解答，受到村民的广泛好评。

在本阶段，除了开展隆重的开业营销活动，银行还要引导站长着重开展对基础客户和外围客户的营销。

对基础客户的营销：3 个月内达到开卡覆盖率目标，即至少为村内 50% 的农户开卡并实现存款转入。在此阶段，站长携带宣传资料走街串巷、入户宣传是必需要做的基础工作。其间，要注重为村干部办卡并引导他们办理相关业务，起到示范作用；要注重通过为村民提供方便、快捷和专业的金融服务及多项便民服务来树立口碑，帮助基础客户熟悉业务、体验服务，从而增加稳定存款。通过此阶段的努力，站点的沉淀资金可达到 300 万元以上。

对外围客户的营销：即通过营销，让远房亲戚、邻村熟人、城镇经商户及外出务工人员办卡及转入存款。扩大站点的覆盖范围，即在本村打好基础之后逐步向外扩展，扩大服务范围。对外围客户的营销属于精准营销，发卡量为其次，关键在于吸引高质量客户。通过此阶段的努力，站点沉淀资金一般可达到500万元左右。

其间，择机进行送鸡蛋、积分兑礼品、抽奖等营销活动，带动人气，激活空卡，促进业绩增长。同时，逐步开始建立和运营客户微信群、QQ群，利用朋友圈、QQ空间扩大营销效果。

【案例】

服务点每月主题营销活动

服务点每个月的主题营销活动示例如表7-4所示。

表7-4　服务点每月主题营销活动示例

月份	活动1	活动2	活动3	活动4
1月	迎返工亲友活动	写对联比赛	包饺子比赛	年货节活动
2月	年货节活动	迎新春茶话会活动	送对联活动	抽红包活动
3月	庆祝"三八"妇女节活动	好帮手活动	妇女红歌赛	厨艺大比拼活动
4月	放电影活动	民俗主题活动	包麻薯活动	金融夜校活动
5月	劳动节主题活动	除虫害、送蚊香活动	包麻薯活动	金融夜校活动
6月	留守儿童关爱活动	端午民俗活动	包粽子比赛	金融夜校活动
7月	儿童画画比赛	开卡活动	电影下乡活动	金融夜校活动
8月	吃瓜比赛	金融夜校活动	套圈圈活动	慰问退伍军人或其家属活动
9月	制作冰皮月饼活动	吃瓜比赛	金融夜校活动	中秋主题活动
10月	国庆主题活动	重阳节主题活动	啤酒节活动	金融夜校活动
11月	拜访留守老人活动	民俗活动	放电影活动	金融夜校活动
12月	民俗主题活动	优质客户评选活动	红歌赛	金融夜校活动

第四节　自我管理阶段的营销活动及管理

对前面两个阶段营销活动的运营和管理，应以阶段性预期业绩增长为目标。银行方要注重对每一阶段的内容进行精细化管理，将整个管理过程表格化，像游戏通关一样落实营销动作，让服务点逐级达成各项分指标。服务点沉淀资金突破 500 万元（根据当地收入情况数额会有所不同）后，站长收入趋于稳定，其营销信心逐步加强，营销思路逐步优化；同时，服务点充满内生动力，基本上进入发展正轨；银行在这个阶段只需继续做好必要的指引，将工作重点从营销帮扶转为为服务点赋能。

在自我管理阶段，除了继续做好基础客户营销，持续提升银行卡开卡覆盖率以外，站长可重点针对大户开展营销，如种植养殖大户、企业主等，目标为至少有 2 户的户均沉淀资金在 100 万元以上，即便是活期存款也可提高日均余额。在 300 到 500 个小户支撑基本业绩的同时，通过营销大户能快速有效地提升业绩。对大户营销的关键在于资源寻找和关系协调，其间需要有投入意识，适当用利益维系合作关系。一般对大户的营销成功之后，站点沉淀资金可达 700 万元左右。

此外，代发薪资源开发、农业产业链上下游资金跟踪营销、紧跟土地款项、支付业务商圈推广，都是站长业务发展的重点方向。

代发薪资源开发：在周边寻找企业（工厂、作坊、建筑队）

及医院、养老院、学校等事业单位发展代发薪业务。代发薪业务可以提升有效卡量，保证每月有稳定的业绩新增。通过此业务，站点沉淀资金可达800万元左右。

农业产业链上下游资金跟踪营销：种养殖大户本身就是重点营销对象，应关注其产业链的上下游，这样可以寻找更多的商户资源。例如，从蔬菜大棚出发，对种子、化肥、农药、地膜等的供应商和服务商客户开展营销。从下游看，对蔬菜批发、储存、运输等相关人员开展营销可显著增加存款业绩，同时上下游链条之间通过银行卡转账结算，可以保证资金安全。此阶段之后，站点沉淀资金可突破1000万元，且站点进入良性运营状态。

紧跟土地款项：关注拆迁补偿款、土地流转款、宅基地买卖款等款项情况，及时展开营销行动。土地款收益是农村大额收入的主要来源，农村金融环境较差，引入银行卡体系能保障农民资金安全，同时能够大幅提升站点业绩，相应站长的收益也会更多。此类营销可增加的沉淀资金少则几十万元，多则过千万元。

支付业务商圈推广：站长通过向农村超市、小卖店、小饭店等推广扫码支付工具以沉淀农村商户的资金，持续稳定增存。

【案例】

周站长巧立会员日

每月16日是浙江稠州商业银行丽水某支行某农村普惠金融服务

点周站长最忙碌的日子，这天是该普惠金融服务点的会员日。当天，只要凭浙江稠州商业银行的卡在站点扫码消费1元便可任选3件小商品。为了办好会员日活动，周站长结合过往开办超市的经验，特地制作了货架，并从义乌采购了一批日常用品，确保每个到站点参加活动的客户都能满载而归。不仅如此，周站长为了方便会员们，还在站点内配置了蓝牙打印机，针对老年客户提供打印服务。也正是因为这台打印机，激发了周站长的学习热情。从设备使用、Word文档编辑，再到图片设置等，你很难想象一个只有小学文凭的农村妇女能掌握这么多技能。

正因为"会员日"这个妙计，让该村的父老乡亲渐渐都有了浙江稠州商业银行的乡村振兴卡，每月16日到站点打卡成为他们日常生活中必不可少的活动（见图7-4）。

图7-4　会员日活动现场

第八章

农村普惠金融服务点系统建设

本章核心内容：农村普惠金融服务点要想可持续，必须要有低成本、高效率、低风险的服务模式。通过高效的金融支持系统和移动终端提供普惠金融服务，加快农村金融产品和服务方式的创新，这是农村金融稳健发展的重要保障。银行通过金融服务——银行卡助农服务系统、后台管理——助农专属管理系统、风险监测——数据运营分析预警监测系统，加快农村普惠金融服务点建设，助力乡村振兴。

农村区域广阔，但是单位金融密度不高，一直以来都是金融机构推广普惠金融服务的难点区域。20 世纪 90 年代，很多金融机构退出了经济相对落后的县域网点，但是随着经济的不断发展，县域的金融生态越来越好，为银行开设网点提供了良好的经济基础，甚至有些乡镇已经成为金融机构开设网点的必争之地。加上科技的不断进步、银行结算载体的不断升级、银行系统和硬件设备的升级，在农村区域开设普惠金融服务点就有了实现的可能。

农村普惠金融服务点以农村、农民为主体，需要良好的金融支持系统通过互联网和移动终端提供普惠金融服务，从而加快农村金融产品和服务方式创新，激活农村金融服务。

为履行普惠金融的社会责任，提升农村金融服务能力，贯彻"打通金融服务乡村振兴'最后一公里'"的服务宗旨，银行卡助农服务系统应运而生，其功能涵盖助农取款、转账汇款、生活缴费等，为农村、农民提供便捷的金融服务。

随着乡村振兴战略的实施，农村普惠金融服务点快速发展，为解决服务点所处的广大农村地区中，各村分布广、路途远、数量多等实际困难，提高服务点管理效率和服务水平，需要搭建助农专属管理平台。

同时，为及时发现风险事件，必须建设数据运营分析预警监测平台规范服务点管理，完善风险防控机制。

综上所述，要以服务为导向，以管理化解风险，从金融服务、后台管理、风险监测出发，打造全新的乡村金融发展平台，为农村金融服务工作提供有力的系统支持。

第一节　银行卡助农服务系统

一、开发背景

为积极响应乡村振兴战略号召、提升农村金融服务能力和履行普惠金融的社会责任，各银行按照《中国人民银行关于推广银行卡助农取款服务的通知》（银发〔2011〕177号）、《中国人民银行关于发布〈农村普惠金融服务点支付技术规范〉行业标准的通知》（银发〔2018〕237号）等的要求，在农村金融空白区域扎实推进服务点建设，使服务点逐步成为推动乡村振兴的重要阵地、打通金融服务乡村振兴的"最后一公里"的重要节点。

为实现"基础金融服务不出村"的目标，并结合金融支持乡村振兴等国家政策的贯彻落实，各银行必须开发银行卡助农服务系统，在服务点布设助农终端，打通金融服务乡村振兴的"最后一公里"。

二、系统设计

（一）系统架构

银行卡助农服务系统（包括APP）的功能可分为核心助农

业务功能、扩展业务功能、管理功能、管理后台四大板块（见图 8-1），其中核心助农业务功能、扩展业务功能、管理功能通过智能 POS 终端的 APP 实现，管理后台通过 PC 端实现。

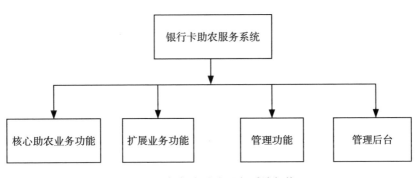

图 8-1　银行卡助农服务系统架构

（二）业务功能

核心助农业务功能作为必选项，是完成业务流程必不可少的功能，主要包括助农取款、现金汇款、转账汇款等交易功能，以及余额查询、重新打印、批结算等维护功能。

扩展业务功能为可选项，涉及凝聚多年业务经验的多项金融业务。作为银行卡助农服务系统的有机组成部分，主要包括定活互转、代缴费等功能。

管理功能主要指对设备本身的管理，如设备注册管理、账号管理和密钥管理等（见图 8-2）。

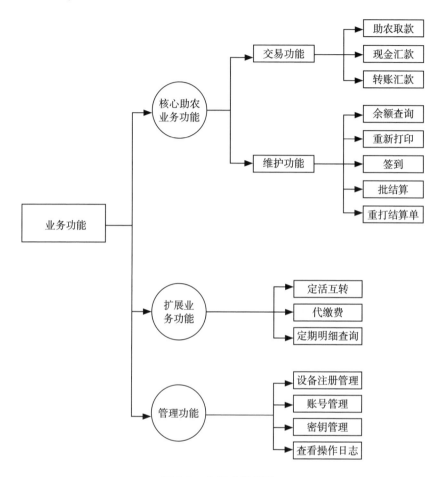

图 8-2 业务功能情况

（三）管理后台

银行卡助农服务系统需要一个完善的设备管理平台，用于管理设备。该系统通过 PC 端对整个助农 POS 平台进行后台管理。管理后台包括系统参数设置、商户及设备管理、密钥管理、后台用户管理等功能。管理后台必须登录后才可访问，并且可根据用户角色分配权限。

1.业务架构

管理后台主要实现服务点管理、交易情况显示、数据导入等功能，从而能更为直观地展示服务点发展情况。功能清单如表8-1所示。

表 8-1 管理后台功能清单

序号	功能名称	功能说明
1	服务点管理	显示服务点相关信息
2	交易情况显示	从银行维度和站点维度显示相关信息
3	数据导入	每日导入服务点、银行卡等相关信息

2.系统参数设置

管理后台通过系统参数设置功能来配置平台的各种参数。系统参数包括但不限于平台参数、通信参数、后端业务系统参数等。

3.商户及设备管理

商户及设备管理主要进行商户注册和权限管理，并与设备进行绑定。只有通过该功能注册并且分配了业务权限后的商户及其对应的设备才能进行相关业务的操作，并且需要具备"一键关停"的风控开关，才可在发生风险时迅速关闭设备。

4.密钥管理

密钥管理主要用于对设备的主密钥进行管理，但仅能对密钥下发过程进行管理，本身并不存储密钥，也不能以任何方式获取该密钥。在远程下发密钥的场景下，可输入/生成密钥并下发至设备，其他情况下可对密钥进行简单管理（如记录密钥是

163

否下发）等。

5. 风险管理

风险管理是根据设备或业务对风险进行管理的功能，可在发现设备交易异常或者整条业务线发生异常时及时关闭相关功能，避免或降低损失。

以上具体情况见表8-2。

表8-2　管理后台参数清单

功能名称	功能说明	相关内容
系统参数设置	配置平台相关的各种参数	平台参数、通信参数、后端业务系统参数等
商户及设备管理	商户注册和权限管理，并与设备进行绑定	商户注册、权限管理、"一键关停"的风控开关
密钥管理	对设备的主密钥进行管理	仅能对密钥下发过程进行管理
风险管理	根据设备或业务进行风险管理	在发现设备交易异常或整条业务线发生异常时及时关闭相关功能

第二节　助农专属管理系统

一、概述

为进一步深化服务点建设、提高管理效率，金融机构可综合基础信息及客户管理、培训管理、巡检管理等多方面信息开发"助农专属管理系统"，加强资源数据整合，加大对服务点的非现场管理力度，促进农村普惠金融服务提质增效。

二、功能模块

助农专属管理系统主要涉及首页、基础信息、客户管理、系统管理四大模块的功能。

（一）首页

根据不同的角色和权限，登录系统的人员分为总分行管理员、客户经理及团队长3个层级，首页能为他们展示服务点不同的数据和情况。展示内容包括服务点建设达标情况、正式挂牌开业情况、储蓄存款余额及日均趋势图、开卡及储蓄存款余额净增排名、重要业务指标等等。

（二）基础信息

基础信息模块包括行政村信息管理、服务点信息管理、培训信息管理、巡检信息管理 4 项内容（见图 8-3）。

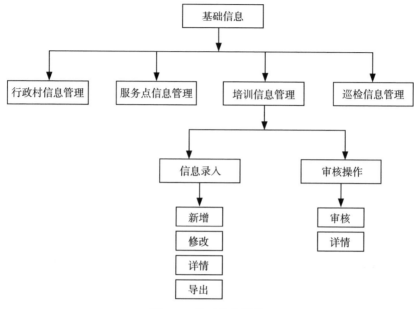

图 8-3　基础信息模块

1. 行政村信息管理

行政村信息管理主要为服务点建设做好基础信息的收集管理工作，管理所辖区域乡镇（行政村）的基础信息，包括村的地理位置、总人数、经济来源、当地特产、民宿景点、物流配送覆盖度等。根据系统权限设置，可对行政村信息进行查看、修改、新增、导出。

2. 服务点信息管理

服务点信息管理是对服务点信息进行录入，对服务点工号进行申请、审核的操作模块。该模块中包含新增、修改、详情、导出等功能，可按不同层级展示服务点信息。

行政村是服务点信息录入的基础单位。新增服务点信息前，服务点所在行政村管理系统中必须有行政村信息管理模块。

3. 培训信息管理

培训信息管理包括培训信息查询、行内用户培训查询等，其是根据不同对象，对培训信息进行录入、查询、汇总的操作模块。

4. 巡检信息管理

巡检信息管理分为巡检记录查询和巡检汇总查询，主要是对服务点合规巡检情况进行记录和汇总。可以从总行、分行、支行 3 个层级，了解服务点每月巡检情况，促进服务点合规健康发展。

（三）客户管理

客户管理模块为客户信息查询模块，具有客户查询、实时查询等功能，可分层级进行管理。客户查询包括所辖区域客户查询和我的客户查询，实时查询指对余额的实时查询。

（四）系统管理

系统管理模块仅限总分行管理员使用，分为权限管理、公共参数设置及系统监控，按不同层级和权限进行模块展示。其中权限管理又分为用户管理——对登录该系统的人员进行管理，机构管理——为各机构配置相应权限，角色管理——根据不同角色进行相应权限配置（见图 8-4）。

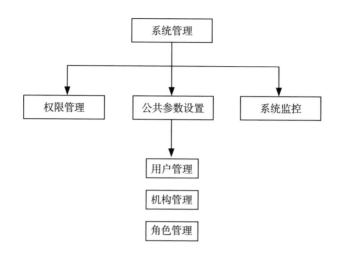

图 8-4　系统管理模块

三、运行管理

助农专属管理系统是面向农村普惠金融服务点管理且关联总分行管理员、客户经理、团队长等用户的系统。它制定了一套灵活且可配置的规则，可按照不同的角色授予相应的系统操作权限。

系统首页可以直观清晰地展示每日储蓄余额及日均变动等情况，使用时一目了然；系统可提交工号申请及进行站点巡检，操作便捷；基础信息模块中对行政村信息、服务点信息、培训信息、巡检信息的展示及导出，可以让用户清楚地了解农村普惠金融服务点在培训、巡检等方面的情况。

在日常操作过程中，可通过系统日志记录、监控所有操作和访问痕迹；对于重要的交易操作，可通过数据库记录、追踪并做出适当分析，为加强服务点管理、拓展服务点业务提供了很好的数据支撑（见图 8-5）。

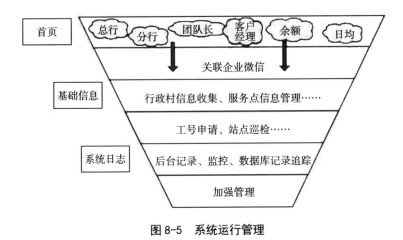

图 8-5　系统运行管理

第三节　数据运营分析预警监测系统

一、概述

（一）服务点主要风险

随着服务点在农村地区的逐步建立，农村金融服务覆盖面不断拓展，金融基础建设取得了良好的效果，但服务点潜在的风险仍不容忽视。目前服务点存在的风险大致分为以下几类：

第一，盗抢风险；

第二，移机、套现、洗钱风险；

第三，侵占资金风险；

第四，相关制度规范不完善导致的业务纠纷，如私自收费、支付假币、误导客户操作、机具出借他人等；

第五，大额转账、汇款现象较为普遍；

第六，操作风险和道德风险等。

（二）系统定义

为及时了解服务点业务动态情况，规范服务点预警信息的管理，切实防范和化解风险，并且要综合考虑服务点所处行政区域、服务范围、业务类型、交易规模等情况，对其实施分类监测，金融机构就须建立服务点预警监测系统（见图8-6）。

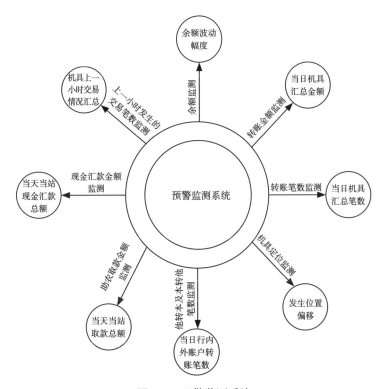

图 8-6 预警监测系统

服务点预警监测系统是搭建在数据运营分析预警监测系统上的一个运行模块。服务点预警监测系统始终根据预先设置的预警规则，自动通过对各种交易数据和基础数据进行统计、筛选和分析，提取出有潜在风险或者已发生风险的业务信息，形成预警案例，传输给相关人员进行进一步核实和风险排查，并记录排查痕迹。

预警案例指由数据运营分析预警监测系统按照设定的预警规则自动提取出来的，围绕服务点站长、站长名下客户、助农POS机具终端GPS定位等的预警信息。

二、预警规则分类

预警规则按照事件发生的紧急程度、发展势态和可能造成的损失，分为一级、二级、三级，数值越低，风险等级越高。

（一）一级预警规则

危及助农业务发展或造成声誉风险的各类因素的影响很严重，可能出现的风险包括但不限于助农 POS 机具终端 GPS 定位发生异常。收到此类预警后必须立即采取措施，先控制风险，再根据调查情况研究对策。

（二）二级预警规则

危及助农业务发展的各类因素的影响较为严重，可能出现的风险包括但不限于服务点站长及站长名下客户发生异常等。相关人员要重视此类预警，尽快落实人员了解原因，再视情况采取进一步的措施。

（三）三级预警规则

危及助农业务发展的各类因素的影响一般严重，可能出现的风险包括但不限于助农 POS 机具终端交易发生异常，须了解和分析问题的成因。

三、预警处置管理

（一）预警处置原则

服务点预警处置遵循相互协作、及时预警、处置得当的原则。

1. 相互协作

认真核查每一条预警信息，总分支行相互协作，密切配合，实现条线联动，提升风险防范水平。

2. 及时预警

预警信息具有时效性，预警处理人员对监测到的预警信息要登记、调查，及时分析、逐条甄别，及时揭示风险，达到有效加强业务风险管理和风险防控的目的。

3. 处置得当

根据已获得或发出预警的风险信息，采取有效的风险控制措施，并分析预警信息产生的原因，就业务处理是否合规提出意见。

（二）预警处置管理环节

服务点预警处置管理包括风险监测、风险核查、整改处置3个环节。

1. 风险监测

根据预警数据模型对服务点的业务进行监测，对于符合模型规则的风险信息，生成风险预警案例进行推送。

2. 风险核查

按照流程对风险预警信息进行核实、排查、确认，并分析预警信息的形成原因，提出整改处置意见并监督整改处置的过程。

3. 整改处置

对核查确认的预警事件进行业务整改等，制止和纠正风险行为，降低风险损害的程度。

（三）预警处理时限

服务点预警处置要充分体现及时性，因此各级监测人员要每日查看预警信息，对于系统推送的二级及三级预警信息，建议在 5 个工作日内处理，对于系统推送的一级预警信息，建议在 3 个工作日内处理。

第九章

推进共同富裕的金融发力点——"数字化整村授信"

本章核心内容：整村授信模式是金融机构批量开展农村小额融资服务较为主流并行之有效的业务模式。本章主要总结和提炼商业银行在数字化转型背景下，具体描述采取"软信息＋硬数据"形式的"数字化整村授信"的主要流程及相关案例，为中小银行开展农村普惠金融业务提供借鉴。

党的十九届五中全会明确，到了2035年基本实现社会主义现代化的远景目标，其中首次提出"全体人民共同富裕取得更为明显的实质性进展"，而实施乡村振兴战略是实现共同富裕的必由之路。乡村振兴离不开资金的供给，从新农村建设到普通村民的融资服务，农村小额贷款一直是普惠金融的重点和难点。林毅夫教授曾指出，如果把社会比作肌体，把家庭比作细胞，那么贫困家庭就是社会肌体中营养不良、能量不足、活力不强的弱质细胞。小额贷款则是帮助弱质细胞增加营养、补充能量、增强活力的金融血液，是帮助社会肌体补血活血、营血卫气、固本培元的培基工程。在全面推进乡村振兴的新时期，应当更好地延续这一创造性举措，为乡村振兴这块大田注入金融活水和新动能，促进社会肌体由内而外健康发展。

与城市居民相比，农村居民的小额贷款需求的特征表现为面广、额小、风险控制相对较难。农村区域的金融密度低，出于经营成本及风险控制的考虑，银行往往有心无力。长期以来，农村市场的小额贷款主要依托农村信用社（农村商业银行），形式单一，因此不但极易酿成金融风险，还会引发社会事件。

近年来，随着金融机构"脱虚向实""回归本源"，普惠金融得到了长足发展，中小金融机构特别是地方法人银行持续下沉经营重心，不断丰富普惠金融产品，个体工商户、农户的经营性融资需求得到了很大的满足。但相较于城市，特别是在消费性的金融需求上，农村地区仍然面临融资门槛高、渠道单一等问题。城市的小额贷款产品层出不穷，如"装修贷""留学贷""购车贷"等更细分的小微贷款产品，基本是有房产就能贷，有公积金就能贷，有社保就能贷；而对农村地区而言，因为缺乏外部数据，加之农户收入的不确定，银行很难满足其贷款的需求。

第一节 "老办法＋新技术"——大数据时代整村授信

整村授信是近年来金融机构服务村居、服务农户的一种较为通行的小额信贷模式。从农村信用社的"自报公议""阳光信贷"，逐步发展成的依托村居的软信息收集和结合大数据智能风控的批量化主动授信模式，也是城市商业银行等中小法人机构服务农村的较为快捷的一种业务模式。

浙江的金融机构较早就开始了对农村小额融资服务的探索，经过多年发展，已经基本构建起"基础金融不出村、综合金融不出镇"的服务体系。浙江的城市商业银行作为地方性的中小法人银行，纷纷下沉服务重心，参与乡村振兴，开展村居批量化的小额融资服务，其中整村授信结合"网格化营销"的业务模式，成为中小银行服务农村市场的成熟模式，并发展出"数字化整村授信""整村授信＋政策性担保"等较好的业务模式。

传统的整村授信主要依托村居关键人的软信息及业务人员长期在农村市场的线下调查，成本较高，效率较低，效果不佳。在大数据时代，尽管相较于城市居民，有关农村居民的数据信息相对较少，但作为小额度、批量化的融资风险控制措施，整村授信中一些关键的外部数据信息起到辅助判断个人品行及还款意愿的作用。因此，我们将线下调查、侧面打听加上大数据信息评分模式，称为"老办法＋新技术"的"数字化整村授信"模式。

"数字化整村授信"模式的主要理念是：基于"人人可贷"的普惠金融原则，通过软信息交叉验证排除道德品行不良人员，通过大数据智能风控模型量化风险，用低成本、高效率的方式满足农村居民的金融需求。

第二节 "数字化整村授信"的主要流程

整村授信这一农村普惠金融中的主流业务模式,目前已形成了一套标准化的作业流程。标准化操作对于中小银行开展此项业务尤为重要,一方面能让业务人员在短期内掌握整村授信的关键环节,快速高效地展开工作;另一方面能控制整村授信环节中的一些主要风险点。整村授信的主要流程一般有以下几项。

一、村居准入

一般由支行管理层负责出面接触乡、镇、村级领导,为村居开发工作打开局面,引荐业务拓展人员,获取名单信息,达成村居开发合作意向。客户经理收集村居信息,整合资料,形成村居准入调查报告。对于村居准入,要充分了解及调查,经营单位负责人要对村居准入负主要责任。

二、名单管理

通过各种途径和方式获取准入村全量名单,名单获取工作应由机构班子牵头落实。在使用名单进行背靠背评议前,应对名单进行整理,以户为单位制成评议表,原则上同一村居的核定标准应保持一致,不同村居的核定标准可不相同。评议之前,有权审批人负责审核确定评议表要素及单次评议户数,要求评议表要素须包含调查报告中涉及的定额要素。评议表经有权审批人审批同意后方可使用。

三、评议员选择

按照"以名单定人"的原则，在村居准入工作完成后进入评议员选择阶段，评议员选择要求为：①人品好、无不良嗜好；②对村居情况熟悉且愿意提供村民信息；③在村居常住；④与村民之间无过深利益关系。评议表中列明评议员介绍人、选择理由等，并在支行内部建立评议员信息交叉验证机制，逐级上报至最终有权审批人审批。要求业务管理人员必须对评议员情况有所了解，有权审批人（或委派审查人员）按比例抽取评议员进行面谈，业务管理人员对评议表内容的真实性负主要责任，有权审批人负管理责任。

四、背靠背评议

评议时要求严格遵守背靠背原则，评议员之间应互不知晓评议结果。评议时要求至少有两名行内人员在场，人员选择标准可由机构自行制定（但要求团队长、有权审批人或委派审查人员当中至少有 1 人在场），并留存评议员评议事实证明材料（水印照片或其他形式），客户经理对现场评议材料的完整性、真实性负主要责任，陪同人员负监督责任。同时，要求有权审批人至少参与 1 场评议，确保客户经理已了解并熟悉评议过程中的注意事项，确保操作合规。

五、授信审批

根据前期制定的标准，对名单上的客户进行预授信金额及利率核定，内部评议时，有权审批人根据评议员提供的信息确定最终授信金额和利率。

根据内部评议结果，整理和汇总《村居白名单信息表》，并将经逐级审批后的名单及额度上传至信贷系统。

六、档案管理

对整村授信过程中产生的资料［整村授信调查报告、村居名单（纸质）、评议小组成员审批表、背靠背评议表、现场评议材料、内部审议材料等］，按照行内授信档案管理要求进行整理归档，同时将影像资料留档，形成"一村一档"，后续有补充时统一归档。经营单位应指定人员保存档案，根据授信档案管理办法对档案实行封存管理，每次档案出入库必须有记录，档案管理员对档案的保管负主要责任。

七、授信签约

整村授信审批通过之后，团队根据获取的村居信息制定营销计划，通过定期开展集体营销活动的方式聚集人气、扩大影响，突破村居前期的营销困境。对于前期有意向的客户，要在集中签约前通知到位，未能到场的在1周内跟踪并落实意向客户，以达到批量授信、可持续营销的目的。团队长负责制定集体营销计划，统筹安排营销人员，协调申请各类营销配套物品等。

无论是集中授信还是持续营销，原则上要求客户经理采取地推模式，逐户上门签约。

八、贷后管理

日常贷后管理、非现场检查以风控模型系统自动检查为主，现场检查要结合日常村居营销情况，多角度了解信贷客户的信息及风险变化、资金使用等情况，及时做好贷后风险控制。对于存在预警类、逾欠类信息或系统推送的存在异常数据的客户，须及时做好现场检查，要到客户经营地或居住地了解客户的经营情况或工作情况，了解其信贷资金的使用情况、还款能力的变化情况，及时处置异常情况，从而有效防控风险。

【案例】

找准评议员，严把评议关

背靠背评议是整村授信工作中的核心环节，评议员的选择和评议的质量关乎整村授信的贷款质量及后续营销的成效。

针对一般评议员，会首先考虑由村主任、村党支部书记、会计、妇女主任等担任，××银行××支行在整村授信推进工作中，总结了评议员画像方法，可按图索骥开展评议员的选择工作：一是看辈分，一般来说，同年龄段前后相差10岁的人差不多算一辈，工作人员到村里后会问"你们村里哪个辈分的人最多"。通常会选择"70后"做评议员，他们的长辈还在，后一辈也成年了，所以他们对村里跨度

50 年的村民多少有些了解，认知辐射面较广。很快这个评议员的画像就出来了，横向是族谱里名相同且出现次数最多的人，纵向就是"70后"。××支行找到这个结合点就能快速定位到相对合适的评议员；二是看性别，3 个评议员中要有 1 名女性。因为女性相对心细，掌握的信息也相对较多；三是看家庭关系，基本上会避免选择单身人员，家庭和睦会让人变得温柔，那他（她）的评议也可能是善意和正面的。要避免选择那些爱抱怨的评议员，他们会让整个评议处于低气压氛围，还会影响身边的人。家庭和睦的评议员评议的时候，其爱人、长辈都会来帮忙，无形中增加了更多的评议信息。如村里人基本是互相叫小名的，按评议表上的身份证名字来称呼，有些人都想不起来是谁。又如一家人一起评议，相互之间会讨论和补充信息，评议的过程就不再枯燥，评议也有了"温度"。

在评议之前要做足功课。评议表不是固定的而是定制的，除了基本要素和硬性要求外，可以根据村居的主要收入来源在表中定制一栏内容，而那栏内容才是最后定额的主要参考标准。如针对主要以出租为收入来源的村居增加了租金收入一栏，针对拆迁村则增加了返迁多少面积或能得到多少货币补偿一栏，对于一些依靠种植业创收的村居则增加了种植物的品种及种植面积一栏。总的来说，根据评议村居的产业特色定制评议表，能做到精准评议。

评议环节应注意以下几点：第一，严格遵守背靠背评议原则，评议地点最好选在评议员家里、银行、封闭的办公室等场所，刚开始××支行尝试在村民委员会办公室评议，但此处来来往往的人太多，明显感觉到评议员有顾虑，不愿说太多负面信息，甚至有些评议员看到人多，直接就拒绝了评议要求。评议员在自己家里有安全感，一旦评议地点放到评议员自己家，他们就放松多了。第二，一定要按户评议，评议员对一家人的信息还是比较清楚的，但是要让他们区分同户人家里每个人的情况就很难了，按户评议时，热心的评议员会不断地输出各种信息，同时评议时不要局限于评议表上的内容，对于碎片化的信息都可认真详细地备注在评议表上。第三，设定标准化的评议标记，如评议员不了解的村民或信息用"☆"标记，对不能授信的村民用"×"标记。

第三节 "数字化整村授信"开展过程中的主要问题

在"数字化整村授信"推进的过程中，经营机构普遍在关键环节中面临一些问题，主要有以下几点。

一、合适目标村居的选择是首要因素

村居准入是整村授信业务开展的第一个环节。城市商业银行等非农村金融机构对村居的熟悉度相对不足且村居基础相对薄弱，因此，对村居的选择显得尤为关键，这是业务风险控制的首要环节。总体而言，同时，应优先选择整体民风淳朴、村民收入稳定且信用意识较好、有比较集中的产业、整体经济条件处于当地中等或以上水平、村民委员会较为支持的村居。考虑到评议员对村居人员的熟悉度，应优先选择自然村或者老行政村，有利于提高前期准备工作的效率。此外，行内员工亲属长期生活的村居、存量客户较多的村居、业务介入较深的村居或与村干部关系较好的村居等，都可以作为优先开发的村居。村居开发要循序渐进，业务推进要按照"先亲后疏"、"由近及远"、"有金融服务点"的优先、"有村集体授信"的优先的标准确定先后顺序。

二、依托政府渠道获取名单

名单获取也是一个常见的难题，农户普遍对个人信息采集存有顾虑。部分农户对金融机构的整村授信业务了解不足，对客户经理的信息采集工作心存戒备，担心个人信息泄露，因此对信息采集和评议工作配合度低。以我们的经验来看，整村授信工作还是要从正面宣传做起。作为一项政府倡导的普惠金融工程，整村授信时要运用好政府的公信力，同时多结合社会公益活动，结合政府宣教热点，如金融反假防诈、反洗钱、反非法集资等，充分取得县、乡、镇、村等各级政府部门的认可及帮助。名单可以从乡镇一级政府部门获取，准确性高，具有公信力，免除后续纠纷。在实际推进工作时，只要找准切入点，晓之以理，动之以情，往往都能取得相关部门的信任和支持，当然经营机构要充分重视名单的保密工作，不宜通过群发短信等方式进行初期宣传，名单信息更不能向第三方透露。

三、合格的评议员是关键因素

评议员是整村授信工作中的关键人物，是批量授信过程中软信息的提供者，因此，评议员的素质高低对整村授信工作的推动尤其是对风险的控制起到关键作用。评议员的选择以"了解村民"为前提，可优先选择村民委员会退休人员、网格员、妇女主任、小卖部老板等，一般避免由在职的村民委员会主任或村党支部书记担任。对评议员要事先做好外部调查及内部调查，把好准入关。村居里面往往都会有些热心村民，他们对村居情况十分了解，愿意为集体做事，因此经营机构在开展工作时应与他们多交流，正面宣导评议工作，以让他们充分认同评议员要开展的工作。

四、评议要严格遵守"背靠背"准则

对同一村居的不同名单，可选择不同的评议员对拆分后的名单进行评议。村居情况复杂的，评议员可参与评议。评议工作较为烦琐，特别是在人口众多的村居，一场评议下来往往要数个小时甚至一整天，村居评议员的数量可不限于 3 人。按要求，所有名单内的授信客户必须接受 3 轮或 3 轮以上的评议。

①名单数量较多时，要求以自然村、小队（小组）等为标准对名单进行拆分（一份调查报告对应多份评议名单），单一自然村名单数量较少的，也可将多个自然村合并（一份名单对应多份调查报告），一般单次评议名单建议以 200 户为宜，根据所选评议员的作息习惯控制单轮评议时间，一般控制在 3 小时内；②评议名单以户为单位进行汇总整理，村居内符合条件的所有人员均须纳入名单，不允许进行删除；③评议名单中的"户"不等同于同一户口簿，如父母子女、兄弟姐妹在同一户口簿上，但经评估能够分别授信的，可拆分成多户分别授信，但夫妻双方必须为同一户；④对部分无法一次性取得村居全部名单的，可分批取得、分批评议、分批导入，但单一村居每次导入系统的名单数不得低于 100 户。

评议的过程必须严格遵守"背靠背"原则，评议员之间不能相互商议、讨论，评议过程必须有银行工作人员在场。

五、签约提款鼓励逐户面签

集中签约是打开村居签约的敲门砖。集中授信活动开展之前应做好方案策划，尽量安排 2—3 天、每天 1—2 个小时的时间做好活动预热，并对集中签约活动进行提前演练。签约当日可邀请部分有威望的村民带头申请，提升活动签约效率，保证活动有序开展。现场来宾应尽量加入微信群或者营销人员提前加入村居联络群，方便持续跟踪营销。集中签约时可以联合村党委或公安，以"党建＋金融""反诈宣传"等为主题共同开展活动，提升营销影响力。

在初期集中签约取得一定影响后，还是需要客户经理在村居关键人的陪同下逐户上门签约，上门签约时可随身携带一些伴手礼，在签约的同时尽可能地了解签约对象的个人基本情况、家庭成员情况等等。

签约成功后，营销人员须引导客户进行一次提款，让客户充分体验提款的便捷，为后期活动开展打好基础。

六、贷后管理结合交叉销售

整村授信工作仅仅是村居市场开发的敲门砖，是金融机构村居市场营销的开端。客户经理对负责开发的村居应做到定期走访，特别是一些已经建有农村普惠金融服务点的村居。管户客户经理利用服务点的场所及服务点站长的人脉信息开展驻村服务工作，将农户授信激活、用信后的贷后走访、授信增额、结算回流等综合金融服务的营销结合在一起，开展二次营销、交叉销售，做深做透授信工作。在一些商业氛围较浓厚的村居，银行布设支付结算机具，发展代收代付商户，形成小型商圈，最终在村居形成"一站一贷一圈"的小型金融生态圈，达到深度服务村居的目的。

确保村居服务的持续性是包括农村商业银行在内的银行业金融机构面对的一个难题，总行业务管理部门应制定相关的监督制度，如按固定比例抽查主办客户经理对村居的熟悉度，抽查内容以基础信息为主（客户实际住址、主要从事行业、主要经济来源、资金用途等），对于熟悉度不达标的主办客户经理实行相应惩罚措施。

七、队伍建设是持续的保障

建设一支熟悉农村市场、有志于提供农村金融服务的客户经理队伍，是村居贷款工作可持续发展的基础。除了农村商业银行，其他中小银行的客户经理大部分来自城市，对农村市场难免有些陌生，因此进行日常客户营销、维护时都需要客户经理花大量时间下沉村居、驻村服务。在业务开展初期，客户经理内心多有抵触。这时需要银行管理层做好考核引导，遵守"一增一减"原则，增强正向考核激励，针对不同阶段的工作，对一些关键指标进行量化考核，如在宣传推广阶段考核村居信息收集情况，在评议签约阶段考核客户的签约量、签约覆盖率，在用信提额阶段考核贷款余额、用信率，在贷后管理阶段考核贷后回访率、收息率，等等。此外，要制定尽职免责细则，对于按标准操作的业务人员，减轻或免除风险责任，减少客户经理的顾虑。在队伍的培养方面，要特别注重通过开展培训，充分利用标杆行、标杆客户经理的领头羊作用，在标准化操作的基础上，增强业务人员的营销能力及维护客户的能力。

【案例】

集中签约有门道

集中签约是整村授信工作中常用的签约手段。××银行××支行在××村的集中签约工作中，充分摸底、精心筹备、细致执行，取得了当日签约30%白名单客户的好成绩，主要经验有以下几点。

第一，集中签约前2日，进行3个标准动作：一是客户经理与村干部一同在村内进行走访宣传；二是在村民群发送集中签约日活动介绍信息；三是以关键人及村民委员会成员一对一通知村民的形式，提前进行集中签约预热。

第二，完成预热三部曲：一是获取名单时的预热，在村头、村尾、主要路段，以及村民委员会的政务栏、人流集聚的广场等张贴银行助力乡村振兴的宣传画、产品宣传单，留下良好的第一印象；二是评议时的预热，与评议员、村干部、村里有威望的人员建立良好关系，向他们介绍整村授信贷款的产品优势，由他们帮忙向村民宣传，尽可能多地让村民知晓银行响应国家乡村振兴号召，"送贷"下乡、支农助农的政策；三是集中签约活动前的预热，广播连续播放拟开展集中签约的时间、地点，进入村中从事养殖、种植等有明确资金需求的村民微信群宣传，请村干部、评议员、存量客户帮忙联系身边的亲朋好友。

第三，进行签约活动准备工作"四确定"：一是确定签约时间、地点，并提前通过各种渠道告知村民，为方便村民，可安排多个签约地点；二是确定签约目标，业务团队根据签约村居实际情况，明确集中签约活动的目标，并分解到人；三是确定活动物料，准备好签约活动中需要的宣传资料、签约礼品、业务工具；四是确定人员分工，明确团队人员各自的职责分工，确保活动有序开展。

第四，集中签约当天，整个活动分为讲解宣传、指导客户扫码申请、现场开卡、引导客户使用手机银行提还款 4 个流程，客户经理各司其职，采用流水线工作的形式保证效率。

第四节　"数字化整村授信"后如何提质增效

一、提质增效的原因

通过开展"数字化整村授信"，中小银行可以在农村市场快速批量展业，提高村居覆盖率。但随着村居开发进程不断推进，一些好做、能做的村居均已开展了业务，后续该如何进一步开展提质增效工作，不断做深做透农村市场，是一个需要思考的问题。从业务模式上看，区别于传统线下的小微贷款，通过整村授信批量标准化开展贷款签约业务，能快速积累大量农村客群。这个客群的量级基本上可以轻松达到几十万户以上、单个客户经理信贷管户突破500户。如此大的客群量，如果放任不管，一方面是对客户资源的浪费，使前期辛苦签约的客户价值无法得到进一步提升，造成大量无效签约；另一方面是无法有效管控风险，客户经理对100户与500户的贷款管户规模的管理方式是完全不同的，如果管理不恰当，极易造成批量业务风险。

二、如何提质增效

要完成整村授信后的提质增效，首先需要解决的问题就是向谁开展二次营销。前期在通过整村授信批量签约营销获取的客户中，虽然存在一些资质较差、信贷需求不旺盛，甚至是客户经理单方面为完成任务指标而引入的无效签约客户，但是也存在一些资质较好的客户。总的来说，客群量较大，如果仅依赖客户经理人工逐户筛查，一是工作繁重，且耗费时间较长；二是投入产出低，筛选出的客户受限于客户经理水平，总体成功率可能较低；三是容易产生道德风险，客户经理可能会引入一些风险客户。

因此，本书提出用数字化手段替代客户经理的经验判断和逐户筛查，助力标准化整村授信后的提质增效工作，具体步骤如下。

（一）大数据分析建模

对于整村授信引入的较大的客群量，可以精准开展大数据分析建模工作，开发提质增效模型，筛选出目标客群。银行可以通过行内征信指标平台系统，解析客户征信，通过客户在他行的信贷表现，如额度、余额、还款频率、还款行为等指标情况，反推客户资质，将资质较好、有一定信贷需求的客户挖掘出来；同时引入流水和外部数据等多维度信息，从中挖掘出有益信息，从而准确识别提质增效客户。

（二）建立提质增效白名单库

将大数据分析建模平台生成的提质增效客户清单，添至银行信贷系统提质增效白名单库，作为提质增效目标客群。该白名单库相较于整村授信白名单库更加详细精准，能为后续批量二次营销奠定基础。

（三）数字风控系统

基于提质增效白名单库，结合客户经营行业信息，细分行业经营维度，再针对不同行业经营维度开发数字化国际项目咨询（International Project Consult，IPC）风控模型，根据客户申请金额、资质信用评分等信息确定提质增效客户名单的准入规则。

（四）提质增效展业平台

开发提质增效展业平台，具体功能可以包括：一是对接大数据分析建模平台，针对白名单库客户生成移动端客户画像；二是开发客户标准化展业模式，提前设置规范动作，要求客户经理按照规范动作开展营销；三是对接数字风控系统，实时生成客户准入结果等。

【案例】

二次营销显成效

浙江稠州商业银行金华分行东阳支行在东阳地区积极开展整村授信业务，通过一段时间的努力，在村居授信覆盖率、村民签约率和用信上取得了较好的成绩，大幅提高了农村市场占有率。为进一步挖掘农村客群，东阳支行开展了整村授信线上引流、线下导流工作。借助该行总行大数据建模系统自动分析整村授信客户征信、流水等指标，东阳支行对照二次营销清单，开展提质增效工作。客户经理周经理通过推送清单，发现客户倪先生有提额潜质，并在他行有较高的授信额度。之后，周经理联系客户了解情况，并进行现场走访，成功营销该客户申请经营性贷款 180 万元，后又通过企业流水挖掘企业上游客户开展银承业务，并发现潜在的 15 个下游客户。

第五节 见贷即保业务

有了提质增效白名单库，客户经理也进行了调查走访，对系统（或审批部门）给予准入的客户，在现有条件下一般要追加保证人。在农村，我们认为引入政策性担保公司更有利于银行业务的稳健发展。为进一步贯彻落实国务院有关文件精神和财政部工作要求，探索建立新型银担合作机制，调动银行与政府性融资担保机构合作的积极性，充分发挥银行体系优势，提高担保效率，扩大担保规模，切实缓解小微企业及"三农"融资难、融资贵的问题，银行与政府性融资担保公司的合作模式发生了较大变更，从以前融资担保公司逐笔审批模式改为见贷即保模式，简化了贷款的流程，缩短了放款的时间，提升了客户的满意度。

见贷即保，就是银行总行与政府性融资担保公司签订合作协议后，政府性融资担保公司只要见到银行贷款审批单和贷款合同，就直接出具担保函，承担担保责任。银行总行与政府性融资担保公司直接签署担保协议，协议签署后辖区内各机构即可直接基于总对总担保协议开展业务，无须逐个再与当地担保公司另行签订担保协议。

一、合作模式

在具体合作事项方面，一般采用产品报备制，明确合作产品，即由银行根据协议内容定制产品或在现有产品中选择符合条件的产品进行合作。对符合条件的贷款业务，在事先锁定担保代偿率上限、银行分担风险的前提下，由银行按照行内授信评审有关要求和程序自主完成贷款授信审批，政府性融资担保公司直接提供担保，并进行批量担保备案。政府性融资担保公司不对具体业务进行尽职调查，仅对担保贷款项目进行业务合规性审核确认。

二、合作内容

第一，贷款对象。贷款对象为小微企业、"三农"主体、创业创新市场主体、战略性新兴产业企业等符合《国务院办公厅关于有效发挥政府性融资担保基金作用切实支持小微企业和"三农"发展的指导意见》（国办发〔2019〕6号）规定的担保支持对象。

第二，贷款金额上限。单户一般不得超过人民币1000万元。

第三，担保贷款条件。贷款项目应符合国家信贷政策和监管要求，不得为地方政府（地方融资平台）提供贷款担保。

第四，支小支农业务占比。支小支农担保贷款金额占全部担保贷款金额的比例不得低于80%，且单户或单笔担保贷款金额在500万元及以下的占比不得低于50%。

第五，降低担保贷款门槛。不得设置资产抵（质）押担保措施。

第六，担保对象信用。首次纳入合作范围的担保对象不能存在当前逾期或恶意逃废债等重大不良信用记录。

三、风险分担比例

银行与政府性融资担保公司分别按贷款本息（贷款本金和正常利息）的 20%、80% 分担风险责任。

四、担保费

担保费一般每年不超过贷款金额的 1%。

五、担保代偿率上限

担保代偿率上限为 3%，按月累计核算。达到或超过担保代偿率上限的，政府性融资担保公司暂停代偿，待担保代偿率低于上限后恢复代偿。

见贷即保是一项比较好的激励约束机制，简称"双控"机制。一是控制总风险容忍率，要求银行对贷款业务的风险进行总体管控。如果总风险容忍率超过 3%，政府性融资担保公司就无须承担担保责任，这就改变了过去银行存在的麻痹思想，即认为反正有融资担保公司担保，就放松了风险管控。实际上，银行一旦放弃风险管控，融资担保公司是控制不了贷款风险的，因此对总体不良率的有效管控对银行和融资担保公司双方都是有利的。二是对于每笔不良贷款，要求银行与政府性融资担保公司共担风险，这就要求银行认真把控好每一笔业务的风险，而不仅仅是把总体不良风险控制住。因为在见贷即保模式下，政府性融资担保公司对贷款的风险审查完全依赖银行的风控，只有银行对每笔业务担负起风险控制的责任，才能确保此项业务的商业可持续发展。

【案例】

描绘乡村振兴新画卷　浙江稠州商业银行首笔"共富贷"成功到账

"小李，实在太感谢你啦！不仅不需要我到处找担保人，还那么快解决了我的资金问题！"随着"叮"的一声，丽水庆元县客户杨先生成功收到了 20 万元"共富贷"，激动地打电话给浙江稠州商业银行丽水分行的客户经理李露露表示感谢。该笔"共富贷"的发放，也标志着浙江稠州商业银行"共富贷"产品正式落地。（见图 9-1）

图 9-1　浙江稠州商业银行与杨先生达成首笔"共富贷"业务现场
金融时报客户端　张冰洁摄 2021 年 11 月 10 日

　　杨先生在庆元县杨冯源村从事竹制品生产和加工，主要给淘宝电商客户供应产品，经营状况良好，订单稳定。随着"双十一"全民购物狂欢节的到来，工厂急需充分备货，资金也就愈发紧张。杨先生是浙江稠州商业银行乡村振兴贷授信客户，于是他抱着试试看的心理致电银行："小李啊，虽然前期你们已经给我20万元主动授信额度，可是现在'大促'在即，还是不够啊！就在年初，我还帮亲戚担保了60万元呢，这次我不想找担保人欠人情，有什么办法吗？"好在浙江稠州商业银行近期与浙江省农业融资担保有限公司签订了总对总担保合作协议，并专项推出了"共富贷"产品，于是就有了开头那一幕。

　　"共富贷"是浙江稠州商业银行与浙江省农业融资担保有限公司在已签署10亿元总对总合作协议的前提下，双方响应乡村振兴和促进共同富裕的号召，专项面向符合条件的从事农业适度规模经营的新型经营主体推出的一款特色产品。该产品基于金融监管部门重点推出的浙江省金融综合服务平台，利用数字化技术实现高效率合作，以银行端、政策性融资担保公司、政府监管端三方系统互联互通的方式，有效解决农户担保难问题，还极大缩短了农户办贷时间，真正贯彻落实了浙江省委、省政府提出的"让数据多跑路、让群众少跑腿"工作目标。

　　庆元是我国生态环境第一县，也是浙江山区26县之一。围绕"一朵菇、一扇门、一双筷、一支笔"，庆元创新创业，走出了一条具有山区特色的高质量发展之路，精彩演绎了山区生态工业发展的华丽蝶变。浙江稠州商业银行紧紧围绕乡村振兴和共同富裕，贯彻落实山区

26县跨越式高质量发展实施方案，聚力推进产品创新，强化数字赋能，有效结合"双保"应急融资支持机制，探索建立新型银担合作机制，提高担保效率，切实缓解从事农业适度规模经营的新型经营主体的融资难、融资贵问题。

第十章

「数字化整村授信」风控体系建设

本章核心内容：业务要行稳致远，风控必须做到如影随形。因为"数字化整村授信"属于批量小微零售业务，对其涉及的部分风险理念、风控模式、风控流程必须进行调整和优化，并做到完整地理解和运用，才能有效控制风险，确保业务可持续发展。

"数字化整村授信"历经了 10 余年的演变，从一对一的村民营销开始，发展到对整个村的评议授信，其间需要入户调查，并结合大数据开展审批决策。现今，"数字化整村授信"项目有普惠金融的特征，也有自身业务的特色。该项目完善了风控理念、风控模式，针对从准入到退出的全生命周期进行了全流程、全闭环的风控体系建设，并取得了较好的成效。

第一节 风控理念

改革开放以来，我国颁布了一系列政策，促进经济高速发展，居民生活水平及人均可支配收入的不断提升直观反映了社会经济发展的现状。2017 年 10 月 18 日，习近平总书记在党的十九大报告中提出了乡村振兴战略，指出"农业农村农民问题是关系国计民生的根本性问题，必须始终把解决好'三农'问题作为全党工作重中之重。"2021 年初，国家成立了乡村振兴局。同年 4 月 29 日，十三届全国人大常委会第二十八次会议表决通过了《中华人民共和国乡村振兴促进法》。之后国家陆续发布了一系列乡村振兴政策纲领性文件，明确将乡村振兴作为国家发展的头等大事，为银行参与乡村振兴提供了强而有力的政策支持。

随着经济的发展及时代的变迁，农村的乡间小路变成了水泥马路，黄泥瓦房变成了独栋小院，这些无不彰显了农村地区的生活也随着国家整体经济向好而蒸蒸日上。全国农村居民人均可支配收入也从 2000 年的 0.23 万元提升至 2022 年的 2.01 万元。

与此同时，随着大数据体系的不断发展，社会信用体系也不断完善，数据联动、措施联动等方式的运用将让那些"不守信"的人在社会上难以立足。相对于城市，农村区域较封闭，农民在了解社会信用信息体系后更加在乎自身信用，从 2010 年后金融机构信贷业务风险表现的数据可见一斑。

在这种背景下，我们提出了"两有一无，人人可贷"的针对农村居民的信贷理念。只要是有收入来源、有还款意愿、无不良嗜好的村民，就给予一定额度的授信，充分体现金融的普惠性。当然，为确定村民是否有收入来源、是否有还款意愿、是否有不良嗜好，我们在"风控流程"中采用 IPC 交叉验证技术进行验证。

同时，在此理念的指导下，我们总结了做好小微贷款风控的理念：授权充分、监督有效、处罚严厉。小额、分散、灵活、方便是小微客户融资需求的特征，要满足客户的这种需求，必须"让听见炮火的人来决策"，这就需要将决策权下放给基层。基于大部分银行业金融机构一下子将权限下放给分支机构有难度的现实，我们建议将整村授信项目的权限先下放至分支机构，让分支机构业务条线人员逐步提升风控能力。同时，一定要建立"有权必有责，用权受监督"体系，为此，必须建立一套完整的监督系统，防止基层业务人员滥用权力。同时，基于各种系统提供的风险信息，及时进行现场监督检查，对发现的问题要严厉问责，让全行形成"失职要问责，违规要追究"的意识，保证上级部门赋予的审批权限始终用于保障业务的稳健增长。

第二节 风控模式

"数字化整村授信"的主要风控逻辑是：基于"两有一无、人人可贷"的普惠金融原则，通过交叉验证的方式排除道德品行不良人员，叠加大数据智能风控模型量化风险，用低成本、高效率的方式服务好农村居民。该项目的实质是实现线下业务批量化、便捷化，即在银行框定的展业区域内，通过批量获客及客户端自主线上申请方式，降低业务营销时间成本；通过"软信息＋硬数据"的准入决策模型缩短审批决策链，极大优化客户申贷体验。在实际业务操作中，仍需要客户经理按照线下贷款操作流程进行软信息收集、贷后管理、不良贷款催收等一系列规定动作，对客户也仍然要做到"可见、可达、可沟通"。因此，该模式吸引的客户在银行机构网点辖区内时，其风险控制核心由银行掌握。该模式利用"线上引流，线下导流"的作业模式，可以不断地衍生金融服务，极大地拓展银行的客户群。

银行通过对授信村居准入的筛选及村民核心软信息的交叉验证，产生白名单，并设置合理的授信额度作为违约成本进行控制；通过一些外部核心数据及评分模型验证，形成预授信名单及额度，村民用款时只需扫码登录手机银行即可申请提款和还款。该模式满足了农村居民短期、季节性和临时性的资金需求，覆盖了经营性及消费性的融资需求。同时，基于中国传统文化中的乡土观念，其也覆盖了一些在外创业、务工的人员，使这一些外出人员也能成为普惠金融的受益者。

第三节　风控流程

对农村市场信贷业务，无有效抓手（缺乏可处置资产）一直是金融机构向往介入但难以介入的原因。回归小微信贷本质，办理信贷业务更应重视第一还款来源，强调"有还款能力、有还款意愿"。对浙江银行业多年实践的分析发现，对农村客户授信，要求农户"家庭和睦、勤劳肯干、无不良嗜好"，银行做到"小额分散"就可有效控制整体风险，即使偶有逾欠发生，通过不良贷款催收及合适的化解手段，以时间换空间的方式均能实现较好的不良贷款清收结果。

基于当前掌握的农村市场情况，浙江银行业通过多年的实践摸索及不断迭代，已建立起一套相对完善的"数字化整村授信"风控体系，包含了评议管理、大数据决策、贷后预警、后督管理等在内的全套系统平台，以及评议员选择、软信息筛查、贷后管理、不良贷款催收和化解等标准化操作模式。该体系通过线上线下"软信息＋硬数据"的有效结合，配合标准化操作流程及充分授权、有效监督、严厉处罚等管理手段，能够有效降低操作风险、道德风险及信用风险，做到对业务全生命周期进行风险闭环管理。

一、流程标准

针对整村授信这一农村普惠贷款的主流业务模式，目前形成了一套标准化的作业流程，主要有村居准入、全量名单管理、评议员选择、背靠背评议、授信审批、档案管理、签约、贷后管理等 8 个环节。标准化操作对于中小银行开展此类业务尤为重要，一方面，能让业务人员在短期内掌握整村授信的关键环节，快速高效地展开工作；另一方面，通过标准化作业能控制整村授信环节中的一些主要风险点。

整村授信项目标准化运营的维度并不仅限于业务条线，其中运营管理规定中明确了分行管理部、支行班子、客户经理等业务条线的管理操作要求，并提出了让风险部门、授信部门、办公室、资产保全部门等多部门联合运营的建议，对行外金融顾问及村居联络员的引导、管理等内容。银行要发挥行内外各条线、社会各方的力量，对每个时间段的每一项工作提出管理要求，确保项目稳定快速发展。"数字化整村授信"项目从培训开始到项目验收，从展业区域划分到贷后管理、不良贷款催收，从人员职责分工到后督管理，实现了产品全生命周期多维度的标准化操作。

以村居的准入筛选为例，从常规的业务可行性判断开始，逐一加入业务风险影响分析、时效性判断、后期责任认定、确定操作最优解等，通过多部门各条线多次测试，确定运营标准化动作。"数字化整村授信"项目运营各个环节环环相扣，不管是业务营销还是风险排查，都基于交叉检验运营理念，村居模型按"一村一策"搭建，全流程可追溯、可定制，在实现全流程标准化的同时，又给了业务条线判断空间。

二、数字化决策系统

（一）准入策略及信用评分

"数字化整村授信"项目的数字风控是通过系统内嵌的科学评估计量模型与规则进行风险筛查实现的，在贷款业务营销过程中，是由系统自动化监督各场景下多维网状的风险筛查结果。风险筛查结果可以运用于客户准入审批、额度管理及利率定价等方面。

准入策略是主要由行内各类名单限制、评分初筛和客户属性限制等组成的基础准入策略，是由中国人民银行征信时运用的征信策略及同盾科技有限公司、北京中数智汇科技股份有限公司、百行征信有限公司、北京汇法正信科技有限公司等提供的外部数据源组成的外部数据策略，以单策略、组合策略的方式部署于决策引擎系统。

信用评分模型采用传统的逻辑回归法和目前主流的机器学习算法进行迭代更新，其反映了整村授信整体的、主要的风险规律，是风险判断的核心。

数字风控体系下"模型＋规则"的风险筛查模式具有批量化、标准化、自动化的特点，可以提高效率、节约成本、有效防控风险。

（二）风控策略和模型模块化部署赋能

风控策略和模型模块化部署赋能于决策引擎系统，可采用标准模块化方式进行。也就是说，基于中国人民银行二代征信标准接口和外部数据标准化接口，根据标准的数据加工逻辑，开发可助于风险决策的规则和模型，再加工成镜像文件，以接口形式供风险决策引擎调用，就能缩减决策引擎决策时间，提升产品使用体验感，减少后期策略和模型迭代部署时间。另外，根据中国人民银行二代征信标准接口，可以加工超过1万多个征信衍生指标，供"数字化整村授信"项目后期模型和策略调整优化使用，赋能乡村普惠小微金融数字化风控能力。

（三）贷后预警体系及行为评分

第一，"数字化整村授信"项目需要配套完整的预警体系，包括不同风险等级的预警规则库、关联客户传导机制及客户预警等级决策矩阵，需要确定数据查询、非现场或现场检查等贷后场景下的各类应用策略来实时监测和分析风险，防患于未然。同时针对预警规则及决策矩阵等，从覆盖度、准确性、及时性等维度建立预警体系的监控与评估框架，实现对预警体系的动态监测与优化迭代。

第二，"数字化整村授信"项目还可以配套行为评分模型，实现对客户贷后行为的动态风险评估，一方面可以为贷后预警提供有效补充，另一方面可以结合客户价值评价，在续贷、额度管理、风险定价等多个场景中提升客户体验和产品效能。

（四）风控数字化运营监控体系建设

"数字化整村授信"项目在信贷全生命周期实施不同维度的风险运营与预警监控，其中风控数字化运营监控指标包括以下几点：

第一，贷前审批阶段监控指标，包括进件审批效能指标、策略命中排序指标、客群结构指标、模型效果评估指标；

第二，贷中监控阶段监控指标，包括放款指标、还款指标、逾期指标、贷中管控指标；

第三，贷后管理阶段监控指标，包括贷后首逾率、迁徙率等资产评估指标，以及催收指标和核销指标；

风控数字化运营监控体系部署于银行信贷系统中，用于监控"数字化整村授信"项目整体风险变化情况，辅助乡村小微零售贷款业务的风险决策，同样可以作为增强银行风险数字化运营监控的重要抓手。

（五）风控策略效果评价和调整优化

数字风控体系需要在实际业务操作过程中根据业务需求和技术的发展，不断迭代优化。因此数字风控效果评价及调整优化在整个"数字化整村授信"项目数字风控体系中具有重要地位，同时也是十分有必要的。

数字风控效果评价及调整优化包括对数字风控模型、规则、策略、技术效果的评价及优化。在数字风控数据积累得相对充分之后，可根据风控模型结果分布及坏账表现，判定模型是否需要调整优化或者重新开发，规则和策略是否需要进行调整。

三、后督系统

小微贷款业务具有金额小、面广、分散的特点，它主要的风险点是批量性风险、道德性风险及操作性风险。小微后督体系就是基于小微贷款业务的风险点，探索异常信息，预警异常信号，通过数字化风控针对海量数据进行多维度自动化分析、穿透式分析、X光式全方位体检、AI与人工相结合的精准检查，形成的靶向检查的天网式体系，也是一个包含贷前、贷中、贷后全流程且环环相扣的监测体系，能提升问题发掘的精度和深度。

首先是科技引领风险。"数字化整村授信"项目实施后，银行面临以十万级增长的客户数量，按照传统方式难以及时、准确、有效地进行监督管理。因此必须开发专业的督查系统，对此类业务进行有效监控。

其次是重视后督队伍培养。科技以人为本，小微后督亦是，科技导向是前提，是提升工作质效的基础，后督人员是核心竞争力。后督工作不是简单的疑点发现和反馈回收，而是筛选、核查、反馈、处置和跟踪工作的集合。队伍的培养和建设是风险控制的重要环节之一。其间，要跳出传统贷后管理理念，从如何做好后督、如何管理后督队伍、如何开展非现场检查、如何进行现场核验等方面开展学习培训，并结合案例分析如何打好一个客户电话、如何转变身份拉近与客户的关系、如何得到最精准的信息等，让队伍成员了解如何抽丝剥茧，从而全面提升该队伍成员的后督水平，同时增强队伍成员的风险敏感意识。

【案例】

MIS 天网系统

浙江稠州商业银行开发了 MIS 天网系统,该系统倾注了多名风控实战工作者的大量心血,是凝结多家银行机构十几年工作实践的经验成果。系统开发思路与一线信贷工作紧密联系,涵盖了信贷业务全流程和全方位人员管理。在系统规则制定时要充分考虑实际情况,如对于在柜面存现和归还本息的两笔业务是否是同一个人代办,该系统监测后可以发现资金归集使用、中介介绍、资金过桥等情况,提前发现批量风险问题;通过发现业务办理者非本村人员的情况,分析整村是否存在操作性风险,从而将整村额度冻结,提前收贷,把控风险。同时,检查人员可以通过系统的查询查证模块,穿透式查询客户资金流水,验证客户他行账户情况等;另外,可以对业务人员及有权审批人进行"360 度全方位的扫描式体检",即横向和纵向对比,定位异常目标人员,反推业务风险。

最后是溯源反哺、回归前端、完善优化。小微后督的最终目标是保障小微业务的健康、稳定发展,其间让检查的渗透分析成果反哺业务一线更是风险链中的关键节点。一是揭露共性风险,规范一线业务人员操作,提升一线风控水平;二是通过总结、提炼和反推,完善制度,完善准入风控模型。

综上,从信贷业务实质风险角度入手,通过"软信息+硬数据"的风控模式降低准入客户的信用风险;通过"小额、分散"模式降低不良贷款的不良概率;通过标准化规范操作动作及系统控制减少客户经理操作时可能存在的风险；通过后督系统的实时监测反馈加上"严厉处罚"的行政手段，最大限度降低客户经理出现道德风险的可能性。通过这些措施，确保"数字化整村授信"项目行稳致远。

第十一章

共同富裕战略的金融助力点——城乡一体化

本章核心内容：助力乡村振兴和共同富裕，对于中小银行来说是责任也是机遇。中小银行以农村普惠金融服务点为商业向善的载体，抓住城乡一体化建设时机，充分利用站点遍布村居的优势，打通商业向善向农村地区延伸的"最后一公里"，将创新性地带来更广阔的市场及意想不到的社会影响力。

习近平总书记指出，共同富裕是中国特色社会主义的本质要求，我国现代化坚持以人民为中心的发展思想，自觉主动解决地区差距、城乡差距、收入分配差距，促进社会公平正义，逐步实现全体人民共同富裕，坚决防止两极分化。因此加快补齐农村发展短板，推动城乡一体化是实现共同富裕的关键。本章立足于中小银行，提出金融推动城乡一体化的 3 个关键：一是通过乡村振兴做大"蛋糕"；二是通过城市反哺农村分配"蛋糕"；三是通过商业向善调节"蛋糕"。

第一节　通过乡村振兴做大"蛋糕"

实现共同富裕的最大难点在农村。从现实情况来看，城乡差距较大，2020 年我国城乡人均收入比高达 2.56∶1。过去几年，尽管农村居民收入快速增长，但长期存在的城乡差异需要较长时间才能缩小。因此，必须推进乡村全面振兴，促进农民收入增长。共同富裕意味着人民整体生活水平的提高，而"劫富济贫"绝不是共同富裕的内核。金融机构应该将精力和资源放到如何将乡村振兴"蛋糕"做大，使更多的农民富裕起来，提升整个农村财富存量上。农村普惠金融服务点作为乡村振兴金融服务的"毛细血管"，应发挥好站点作用，满足农村日益升级的金融服务需求，填补农村地区金融服务的空白，壮大农村特色优势产业，促进农村产业发展，提高农民收入，为实现共同富裕奠定基础。

一、完善农村基础金融服务，推动城乡金融服务均等化

中小银行在助力推进城乡一体化进程中，应积极推动城乡金融服务均等化，重点是完善农村基础金融服务，提高农村金融服务水平。依托在村口超市、药店、理发店和村头小店等场所建立的农村普惠金融服务点，有效满足大银行网点鲜少触及、人口相对分散、金融需求较为单一的农村地区农户的基础金融服务需求，实现助农取款、现金汇款、代理缴费等金融服务全覆盖，同时提供反洗钱、反金融诈骗、保护征信等金融知识宣讲和金融业务咨询服务，不断提升农村金融服务的广度、深度和密度。通过建设二维码商户商圈，搭建微信、支付宝、云闪付等消费转账场景，围绕农户水、电、燃气等生活缴费，不断拓展金融渠道，打造"基础金融服务不出村、综合金融服务不出镇"的农村金融服务新格局，让广大农民足不出村就能享受到与城市居民等同的现代金融服务。

二、助力乡村产业兴旺，推动城乡融合发展

中小银行利用农村普惠金融服务点助力乡村产业兴旺，可以从以下 3 个方向入手。

一是推动"数字化整村授信"业务增长，充分发挥服务点站长的人缘、地缘、亲缘优势，从源头节省信息收集成本，降低信息不对称程度，降低授信风险。同时，利用服务点开展贷款营销对当地村民而言更具有说服力。此外，在授信村居开展

常态化回访，为村民申请贷款进行辅导和解答疑问；同时充分利用服务点的助贷功能，满足村民从银行获得资金的需求，从而推动信贷资金活水流向乡村地区，助力乡村产业发展。

二是推动乡村人才培养，一方面通过培养乡村振兴客户经理队伍，强化助农思想，吸引中青年人才回归乡村，积极构建乡村振兴客户经理在服务点驻点的办公制度，实现整村授信，并为村民提供更多有针对性的金融服务产品，将金融服务落到实处；另一方面培养服务点站长队伍，通过加强对站长的培训，邀请服务点站长参与本村农户预授信白名单确认工作、存贷款营销工作，从源头把控风险，为乡村产业兴旺注入新鲜活力。

三是因地制宜，根据服务点村居资源和地理位置优势，引入各种各样的新产业、新业态，并将一、二、三产业进行融合，推动城市消费向农村地区延伸。例如，把服务点作为重要载体，中小银行可以在银行 APP 上增设线上服务点农产品代购功能，也可以进行农产品（手工艺品）直播带货，将服务点的农产品由田间地头推向城乡居民餐桌，助力乡村产业建设。

【案例】

金融赋能助力共同富裕

实现共同富裕，乡村振兴是必由之路。为推动农村金融服务质效提升，浙江稠州商业银行充分发挥服务"三农"的优势，加大对山区 26 县的金融资源倾斜与金融业务的创新力度，落实支持农村农业发展专项信贷机制。截至 2023 年 3 月末，浙江稠州商业银行在农村区域挂牌并开业的农村普惠金融服务点共 690 余个，累计为 7269 个村居的 691.57 万户村民提供白名单预授信服务，整体有效授信金额达到 383.82 亿元。其中在山区 26 个县为 2521 个村居的 189.07 万名村民提供白名单授信服务，授信金额达 138.71 亿元，为山区 26 个县产业振兴、实现共同富裕提供了有力的资金支持。同时，浙江稠州商业银行创新开发乡村振兴版手机银行，推动在线金融服务向乡村更广更深处延伸；以与省融担公司、省农担公司合作开发的政保贷、共富贷业务为基础，积极探索新型银担合作机制，切实缓解小微企业、"三农"客户融资压力；加强与"浙江省金融综合服务平台"的对接，实现小微贷款全流程线上办理，打通金融服务"最后一公里"。截至 2023 年 3 月末，通过"浙江省金融综合服务平台"，浙江稠州商业银行已受理 4484 笔供需订单的业务申请，其中授信成功的订单有 3529 笔，累计给予授信总额为 24.57 亿元的信贷支持。

共同富裕示范区建设是为了满足人民日益增长的美好生活需要，也是以人民为中心的伟大实践。提供系统的、精准的、创新的金融服务，是打造共同富裕示范区的重要手段。浙江稠州商业银行将坚定不移地走在金融服务实体经济的前列，探索推动共同富裕美好社会建设，为实现共同富裕提供浙江示范样板做出应有贡献。

本案例节选自《金融赋能共富"大家谈"｜稠州银行副董事长、
行长赵海华》

第二节　通过城市反哺农村分配"蛋糕"

一、中小银行推动城市反哺农村的独特优势

建设农村普惠金融服务点可以帮助中小银行延伸金融服务触角，深入农村地区打通金融服务"最后一公里"等。但要发展农村经济，全面实现乡村振兴和共同富裕，中小银行还需要引导城市资源向农村地区倾斜。一直以来，中小银行缺少在农村地区服务的基础，导致推动金融领域城乡一体化的主观能动性不足，但现在农村普惠金融服务点扎根农村的实践，填补了中小银行在农村领域的业务空白，城市反哺农村变得大有可为。在乡村振兴战略的引导下，中小银行纷纷将目光对准农村市场，但与农村商业银行相比，中小银行的优势不明显，但在推动城乡一体化上，中小银行有着农村商业银行没有的独特优势。中小银行在城市耕耘了多年，积累了大量的城市客户群体，这些城市客户群体便是中小银行推动城市反哺农村的一大助力。

二、共同富裕带头人推动城乡共同富裕

农村普惠金融服务点的站长是扎根乡村、推动乡村振兴的关键人，而共同富裕带头人是中小银行将农村与城市连接起来、实现桥梁作用的关键人。中小银行在发展农村普惠金融服务点

的基础上，可以在城市客户群体中寻找共同富裕带头人，旨在与农村普惠金融服务点形成联动，一方面通过共同富裕带头人将农村物美价廉的农产品等输送至城市；另一方面通过共同富裕带头人带着城市客户群体走进乡村，建立农村与城市间的供需连接，帮助农村实现"人进货出"，帮助农民致富，从而形成"城市反哺农村，城乡共同富裕"的良好局面。

【案例】

浙江稠州商业银行打造特色共同富裕模式

为持续推进农村普惠金融服务点建设，助力乡村振兴，促进共同富裕，浙江稠州商业银行在农村服务站已形成一定规模的基础上，融入"城市反哺农村"理念，在城市地区积极寻找共同富裕带头人，探索"城市反哺农村"的路径。这些做法旨在与农村普惠金融服务点深度融合，借助共同富裕带头人的资源和人脉，将银行的城市客户群体和农村客户群体连接，帮助服务点的农产品走进城市，促进金融服务的城乡一体化，从而实现"人进货出"，即助力农村居民致富的同时，满足城市居民对美好生活品质的需求，进而打造具备竞争力的共同富裕模式。

助力乡村振兴 携手推进共同富裕
——浙江稠州商业银行直播带货销售玉米

浙江稠州商业银行在城市地区积极寻找合适的共同富裕带头人，与其一起加入"助力乡村振兴、携手推进共同富裕"这项有意义的工作中。在共同富裕带头人中，有一位来自上海的赵先生，他非常健谈，身边也有朋友从事农产品销售，主要经销延边安图县的天然玉米。经过前期的沟通，他非常愿意参与到乡村振兴事业中来。

在此背景下，银行工作人员与赵先生及其朋友积极洽谈，经过充分的沟通交流，并对公司资质、农产品（玉米）等进行审核后，三方达成了开展直播带货销售的合作。同时，银行对接了合作伙伴——浙江乡裕科技公司，由该公司负责直播业务。

一、直播前准备工作

第一，公司资质审核；

第二，产品品质审核、价格确定；

第三，对供应商进行指导，入驻线上商城，并签订采购协议；

第四，在线上商城进行产品发布；

第五，制作直播宣传海报；

第六，确定主播，主播对产品相关信息进行学习，做好直播准备；

第七，确定浙江稠州商业银行及商家对本次直播的福利补贴政策，完成系统配置；

第八，进行直播试播工作，并完成商品购买全流程测试；

第九，确定直播地点及准备背景板等相关物料，进行宣传预热；

第十，提前做好直播事故的应急预案。

二、直播当天注意事项

第一，工作人员提前到位，进行直播间现场布置；

第二，提前完成设备调试、网络测试等工作；

第三，主播进行串词，再次熟悉产品信息及优惠活动信息；

第四，助理做好分内工作，随时关注主播需求，做好配合；

第五，安排专人负责关注线上客户互动情况，及时提醒主播回复，特别是在抽奖等环节，及时做好答疑及其他问题处理工作。

三、直播后维护工作

第一，及时对接商家，做好商品发货工作；

第二，关注平台情况，做好退换货等售后处理工作；

第三，处理款项，将销售货款打给商家；

第四，银行做好宣传报道工作，同时将商品纳入银行特色助农产品库，便于辖区内各机构采购，进一步将乡村振兴落到实处；

第五，后续加强与共同富裕带头人及商家的沟通及联络，按需提供金融服务。

本次浙江稠州商业银行直播带货销售玉米，以私域流量推广为主，用时1小时，逾千人观看，合计下单478单，销售额达2.24万元。直播结束后，商家的玉米拟对外出口，银行进一步与其进行跨境收款业务合作。

浙江稠州商业银行不收取任何直播费用，还提供优惠补贴进行农产品直播带货的行为得到了广泛认可，无论是农户、农产品商家，还是城市居民，都看到了其在助力乡村振兴、推动共同富裕这项事业上的责任与担当。通过一场场助农直播带货活动，浙江稠州商业银行在打造具备竞争力的共同富裕模式上又迈出了坚实的一步。

第三节　通过商业向善调节"蛋糕"

商业向善指的是企业家发掘、发现商业活动中的公益价值，并将其梳理清楚，呈现出来，同时在企业战略中加以确认，在业务发展及资源配置中体现出来，让企业在实现可持续发展的同时，成为推动社会进步的重要力量。日常生活中，有一个很好的案例，就是支付宝的蚂蚁森林项目。支付宝用户绿色出行或进行过其他低碳行为后，都可以在支付宝上获得绿色能量，能量累积到一定程度后，蚂蚁森林项目方就会在荒漠化地区种下一棵真树。从公益的角度看，2016 年 8 月，蚂蚁森林项目正式在支付宝上线，截至 2020 年 5 月底，将近 4 年，已有超过 5.5 亿人参与了这个项目，在荒漠种植了 2.23 亿棵树，为绿化做了巨大贡献；从商业价值角度看，在获客成本和维存成本居高不下的互联网行业，支付宝通过蚂蚁森林项目获得了一个与用户保持密切联系的方法。

对于中小银行而言，在追求经济效益的同时，也该有向善的责任和力量，如寻找一些痛点问题，根据银行当前的产品和市场营销战略，提出解决方案。如此不仅能扩大社会影响力，更能为自己赢得更多的发展机遇。

一、打造"金融＋公益"的服务点

根据民政部 2018 年 8 月底的统计，全国共有农村留守儿童 697 万，从监护情况看，96% 的农村留守儿童由祖父母或外祖父母照料。从留守儿童的年龄结构和就学情况看，0—5 岁的学龄前留守儿童占比为 25.5%，处于义务教育阶段的留守儿童占比为 71.4%。同时，第六次全国人口普查数据显示，全国空巢老人家庭占比已达到 32.64%，其中农村空巢老人家庭占比为 30.77%。留守儿童和空巢老人作为农村中的弱势群体，有效解决他们的生活问题是实施乡村振兴战略的应有之义。

（一）农村留守儿童困境分析

农村留守儿童往往会面对以下生活困境。一是家庭关爱缺失影响身心健康。父母常年不在身边，孩子自小缺爱，导致性格孤僻，并伴有强烈的逆反心理，严重影响身心健康。二是人际关系差。有些留守儿童会产生自卑心理，不愿与人接触，不合群。三是家庭教育严重缺失。留守儿童的家庭代理监护人多是老人，他们难以胜任从小教育和关爱留守儿童的重任。四是缺乏必要的安全保障。由于父母不在家，留守儿童缺乏及时有效的家庭监护，加之安全风险意识和风险防范知识不够，导致课余时间溺水、触电、打架等事件时有发生。

（二）农村空巢老人困境分析

农村空巢老人往往会面对以下生活困境。一是缺乏关怀。由于子女们外出时间较长，往往逢年过节才能回家，空巢老人缺乏子女关怀，缺乏亲情的温暖。二是健康状况不容乐观。由于年老，体弱多病，加上无人照顾，许多空巢老人生病后不及时就医，一拖再拖，导致病情恶化。三是缺少精神慰藉，生活孤独，娱乐活动少。多数空巢老人内心非常孤独，当下流行的网络娱乐生活对他们来说有一定的进入门槛，娱乐生活缺乏容易滋生心理和生理上的多种问题。

（三）乡村的痛点是商业向善的起点

2021 年发布的《关于全面推进乡村振兴加快农业农村现代化的意见》提出了"三农"工作重心由脱贫攻坚向乡村振兴的历史性转移，将乡村振兴战略提升到了新的历史高度。党的十九届五中全会对扎实推动共同富裕做出重大战略部署，明确提出到 2035 年全体人民共同富裕取得更为明显的实质性进展。党的十九大报告指出：中国特色社会主义进入了新时代，我国社会主要矛盾已经转化为人民日益增长的美好生活需要和不平衡不充分的发展之间的矛盾。社会主要矛盾的变化是关系全局的历史性变化，这就要求我们在继续推动发展的基础上大力提升发展质量和效益，更好地满足人民日益增长的美好生活需要。

助力乡村振兴和共同富裕，对于中小银行来说，是责任也是机遇。一方面，乡村的发展离不开金融支持，在未来的乡村振兴大业中，商业银行不可或缺，并将承担越来越多的社会责任；另一方面，随着金融服务覆盖面不断扩大，中小银行需要加快在乡村金融领域的创新，以应对当前激烈的竞争。中小银行要主动作为，从解决乡村痛点出发，抢先创新性地将乡村金融与商业向善有机结合，这将在未来相当长的一段时间内为中小银行带来更加广阔的市场及意想不到的社会影响力。

（四）农村金融服务与商业向善的有机结合

中小银行践行商业向善的难点在于如何将金融与其有机结合。纯粹性公益捐款往往只能解决一时之困，难以产生长久带动效应，而中小银行受到主营业务的限制，无法像慈善机构一样全身心从事这项工作，仅单方面的付出，商业向善工作的可持续性将大大降低。

此外，在践行商业向善的过程中，也绝不能将村民排除出去，村民才是主角。中小银行需要考虑如何发挥村民的主观能动性，让村民自发积极地参与进来，要充分发挥村民的优势。中小银行应与村民携手共进，引导村民帮扶村民，而不是单一地由银行方主导，才能更好地走可持续发展的道路。因此，开设在村居内、由本村村民作为站长并具有一定场所的农村普惠金融服务点，成了解决这个难点的关键。

中小银行打造的"金融＋公益"农村服务点，以站点为载体，充分利用站点遍布村居、深入村居的优势，同时发挥站长的作用，让村民服务好村民，并打通商业向善向农村地区延伸的"最后一公里"。

【案例】

浙江稠州商业银行商业向善的"五个一"架构

一、一个载体

以农村普惠金融服务点为载体。浙江稠州商业银行积极响应国家乡村振兴、提升农村金融服务能力的号召,主动承担社会责任,并按照监管部门相关政策要求,在金融服务空白的农村区域扎实推进农村普惠金融服务点建设。截至2023年3月末,全行共签约农村普惠金融服务点7800余个,挂牌开业690余个,服务人数超30万,为商业向善奠定了坚实的基础。

二、一只基金

设立商业向善基金。浙江稠州商业银行发起设立"为爱行动"——浙江稠州商业银行商业向善基金,资金来源于服务点农产品销售利润、党委专项经费、工会专项经费和行内员工捐赠4个方面。基金用于对留守儿童和空巢老人两类重点人群的公益帮扶。

三、一支团队

成立商业向善团队。浙江稠州商业银行总分支行三级联动,共同打造乡村振兴志愿服务公益团队。

总行在党委指导、团委牵头、工会协助下,成立一支"总行乡村振兴志愿服务团队",主要负责对全行商业向善项目的指导、监督和跟进,下设"乡村振兴志愿服务执行团队",主要负责对全行商业向善项目的具体执行、指导、监督和落地;分行由分行团支部牵头,成立一支"分行乡村振兴志愿服务团队",主要负责对接总行志愿服务团队、组织落实分行本级及支行两类服务点的各项活动;支行由支行团组织牵头,成立一支"支行乡村振兴志愿服务团队",主要负责对接支行志愿服务团队、组织落实各项公益活动。活动组织结构图见图 11-1。

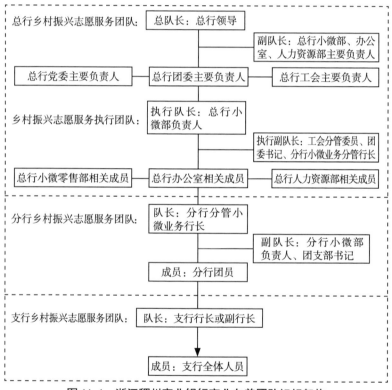

图 11-1　浙江稠州商业银行商业向善团队组织架构

四、一个书屋

搭建乡村书屋。浙江稠州商业银行以分支行为单位,优选符合条件的农村,成立"关心乡童"农村普惠金融服务点。银行通过采购图书和组织员工捐赠图书的方式,在原有农村普惠金融服务点的基础上搭建乡村书屋，并以乡村书屋为延伸，发挥四大功能。一是安全书屋功能，为留守儿童提供安全的公益庇护场所；二是流动书屋功能，站点提供藏书外借服务，并不定期与其他站点的乡村书屋开展图书轮换活动，保证村内儿童能看到更多种类的图书；三是实践书屋功能，与当地的公安机关、村镇机构、慈善机构等联合开展各类实践活动，为留守儿童提供成长的平台；四是亲情书屋功能，站长利用个人手机提供视频通话服务，方便留守儿童的父母与家中小孩进行远程通话，为留守儿童搭建爱的桥梁。

五、一声关爱

给予老人关爱。浙江稠州商业银行以分支行为单位，优选符合条件的农村，成立"爱满村老"农村普惠金融服务点，从身体、心理等方面给予空巢老人关爱，开展"爱满村老"行动。一是关爱老人的身体健康，在服务点布放医药箱、血压测定仪，同时联合外部机构，开展免费体检、养生知识讲座等活动；二是关爱老人的心理健康，成立由浙江稠州商业银行、服务点站长、村民委员会组成的"春风小组"，在节假日、老年人生日等关键时间点，上门慰问老人，组织专业人员对他们进行心理辅导；三是提供爱心便利服务，提供金融、生活便利服务和跑腿服务；四是提供学习平台，联合外部机构定期对空巢老人进行金融及非金融知识培训。

二、农村普惠金融服务点商业向善实施方案

中小银行坚持"试点先行、稳步推广"策略，先在全行摸排并确认首批商业向善试点服务点，在试点服务点积极开展各

项尝试，探索发展路径，并不断总结提炼经验做法，最后在全行全面推广。

（一）确立试点目标

总行牵头，对所在辖区内的农村普惠金融服务点进行摸排，确定合适的主题，并明确试点阶段的建设目标。从农村发展情况来看，空心村现象具有普遍性，村里有很多留守儿童和空巢老人的情况也具有普遍性。所以，针对这部分人群设计相应的公益活动，应该成为商业向善项目的重点。

（二）挑选合适站点

站点的选择尤为重要，站点是商业向善项目实施的重要载体，因此挑选的农村普惠金融服务点应尽量满足以下要求：一是已挂牌开业的服务点；二是服务点内能划分出一定的公共区域；三是服务点所在村内的空巢老人、留守儿童占比较高；四是服务点所在村内无老人活动室或老人活动室建设不完善，无儿童托管机构。

（三）寻找合格站长

站长作为服务点的第一负责人，承担着整个服务点对内对外的各项工作，是整个项目的关键人物，因此挑选的服务点站长应尽量满足以下要求：一是时间宽裕，配合度较高；二是具备较强的责任心，有耐心，有爱心；三是愿意无偿为村内老人、小孩提供服务；四是优先考虑具备幼教、护理、理发、保姆、水电工等服务性、保障性行业工作经验的人员做站长。

（四）明确建设主题

根据挑选的农村普惠金融服务点所在村居的实际情况，明确服务点主题。一个服务点可同时覆盖关爱空巢老人、关爱留守儿童两个主题，但是要重点突出其中一个。

（五）统一装修风格

总行要确定两类公益性活动场所的装修标准，对服务点的门头牌、铜牌、书架、文化墙进行统一设计，在尽可能契合服务点主题的同时，还要结合银行LOGO、色调等，做到显眼、好区分。同时将两类服务点主题融入品牌宣传中，让留守儿童和空巢老人两个元素贯穿银行商业向善工作各环节。

（六）做好站点服务

根据既定的商业向善架构为站点赋能，做好两类公益活动的基本服务。由分支行组织，在服务点积极开展各类活动，形成常态化活动方案。通过活动加持，扩大了银行在村内的知名度和品牌影响力，并帮助站长在村内树立良好的形象，为后续村民开卡、活动营销打下坚实的基础。

（七）及时总结经验

记录两类公益活动日常的服务情况，根据活动效果（如村民满意度、开卡、存款、贷款等情况），及时发现试点运行的问题，并总结优秀发展经验，为向全行推广奠定基础。

（八）进行全行推广

根据试点服务点总结的相关经验，探索形成符合各分支机构实际、可复制、可推广的推进模式和标准规范，向全行推广。

【案例】

浙江稠州商业银行打造"关心乡童""爱满村老"
公益服务点

浙江稠州商业银行积极为"关心乡童""爱满村老"两类商业向善服务点赋能，即以服务点为载体，开展多项公益活动。

在"关心乡童"服务点，浙江稠州商业银行通过采购图书和组织行内员工捐赠图书的方式，在原有农村普惠金融服务点的基础上搭建乡村书屋，并以乡村书屋为载体，为孩子们提供阅读场所和书籍，主题服务点内还配备手工彩纸、画笔等，供留守儿童尽情创作，孩子们还可以在服务点内参与财商小课堂、手工小课堂等活动，让孩子们从小树立理财意识，以及培养他们的动手能力，提升孩子们的技能，丰富孩子们的课余生活。同时，将服务点打造成为集庇护、学习、关爱于一体的公益服务场所。截至2023年底，浙江稠州商业银行联动当地公安、消防部门，为留守儿童开展了200余场关于交通安全、防溺水等安全知识普及活动（见图11-2）。

图 11-2　浙江稠州商业银行"关心乡童"服务点

在"爱满村老"服务点内，为村居老人提供免费的茶饮、休憩场所的同时布放医药箱、血压测定仪，为村内老人提供免费的基础医疗服务。同时，银行联合社区、乡镇卫生院等医疗部门，针对村内养老院的老人及空巢老人，定期开展免费体检等活动（见图 11-3）。

图 11-3　浙江稠州商业银行"爱满村老"服务点内各功能分区

三、农村普惠金融服务点商业向善主题活动

公益性的金融帮扶是推动共同富裕的重要补充手段，即中小银行必须准确把握商业向善内涵，充分发挥自身优势，主动满足各方需求，发挥"公益＋金融"的效应，积极引导财富向上向善，带动更多的城市社会群体回报农村，助力调节收入分配，实现共同富裕。

（一）商业向善是根本

中小银行在推动城乡一体化的公益帮扶方面，要以公益为出发点和落脚点，在获得经济回报的同时，更加注重为农村带来福祉，以助农效用最大化为目标，助力共同富裕。

（二）中小银行是纽带

商业向善要以银行金融服务为主要手段，推动公益帮扶措施落地。中小银行是串联各环节、各主体的重要纽带，因此要充分发挥其作用，满足各方需求。

（三）多方聚力是关键

中小银行要积极汇聚各方"源头活水"，如共同富裕带头人、农村普惠金融服务点站长及其他社会群体组织，建立共同富裕统一战线，实现集中力量办大事的规模效益。

（四）主题活动是方法

中小银行要发挥纽带作用，聚拢多方力量，开展城市与农村之间的联动活动。中小银行组织活动，构成以家庭为单位的点对点帮扶体系，大幅提升公益帮扶的精准性、可持续性。

【案例】

"城乡家庭同心　助力共同富裕"公益主题活动

一、活动概览

活动主题：城乡家庭同心　助力共同富裕

活动目的：一场活动，三方受益。银行通过共同富裕带头人，组织城市家庭前往农村普惠金融服务点开展主题活动，撮合城市家庭与农村家庭间形成点对点帮扶体系，助力共同富裕。

对于城市家庭而言，在活动中能感受自然之美，放松身心，农耕体验更有助于培养孩子的感恩之心；

对于农村家庭而言，活动能拓展农产品销售渠道，增加收入，与城市家庭有更多交流；

对银行而言，能通过公益活动提升自身形象，并在活动中拓展城乡客群，获得一定回报。

活动对象：城市亲子家庭客户、农村亲子家庭客户、农村普惠金融服务点站长、共同富裕带头人。

活动地点：农村普惠金融服务点所在村居。

二、活动筹备

人员分工安排：活动整体规划与实施的过程由以下 4 个小组负责，具体安排如表 11-1 所示。

表 11-1　活动分组、工作内容和人员配备情况

分组	主要工作内容	人员配置要求
共同富裕带头人 1	筛选、邀约合适的目标家庭参加亲子活动	商户 / 线上团购群主等自有客群
共同富裕带头人 2	策划主题活动行程内容	旅行社负责人
农村普惠金融服务点站长	配合开展主题活动	所在地域有学校、留守儿童
分支机构	1. 确定符合条件的 3 位站长 2. 统筹协调活动情况 3. 做好照片、视频等素材的收集 4. 做好客户信息收集，为少儿财商活动邀约奠定基础	符合条件的分支机构

三、主题活动项目

主题活动的类型和内容的情况如表11-2、图11-4和图11-5所示。

表11-2　主题活动情况

类型	内容
少儿 财商类	1. 浙江稠州商业银行及少儿财商品牌介绍 2. 货币的来源讲解 3. 认识我国的186元钱 4. 谁是聪明小当家（每个孩子用50元钱采购家庭一天所需果蔬等农产品）
爱心 传递类	1. 捐献图书给学校/农村流动书屋 2. 亲子水果、蔬菜采摘 3. 为农村孤寡老人做家务 4. 畅想未来篝火晚会
趣味 活动类	1. 泥巴运动 2. 水枪大战 3. 我的生活你想不到 4. 趣味知识问答PK 5. 采茶叶，学茶艺
农耕 劳作类	1. 插秧 2. 播种 3. 收麦子 4. 捕鱼

图11-4　浙江稠州商业银行反哺乡村系列——城市孩子在服务点村居体验干农活

图 11-5　浙江稠州商业银行反哺乡村系列——少儿财商活动

四、活动执行

主题活动流程可以分为以下几个环节执行：

第一，银行、共同富裕带头人组织城市家庭集合；

第二，共同富裕带头人带领各城市家庭前往服务点所在农村；

第三，首日通过少儿财商类、爱心传递类活动，撮合城市家庭与农村家庭对接；

第四，城市家庭成员采购农产品，当晚入住农村当地民宿；

第五，次日通过趣味活动、农耕劳作加深城市家庭孩子对农村生活的了解，并让家长、孩子讲述自己眼中的共同富裕；

第六，最后合影留念。